今こそ子育てを見直そう

幸せな子どもを育てる「7つの貯金箱」

9割のママが知らない! 究極の子育てカンペ本

土本美希 著

セルバ出版

はじめに

先生は、目の前の男の子に「ボク、何歳なの?」と、尋ねました。

「あっ、5歳です」

「どんな遊びが好きなのかな?」、「仮面ライダーとか戦隊ものが、大好きなんです」

「どういうところが、好きなの?」、「変身したり、悪いヤツをやっつけたりするからですかね〜、毎日テレビに釘付けになっていますよ」

実は、答えていたのは、すべて母親。

母親の手をぎゅっと握りながら、男の子は退屈そうに母親を見上げているだけです。

私は、この母親から目が離せませんでした。なぜなら、この光景は、過去の私そのものだったからです。

この子が悩む姿を見たくない。周りに迷惑をかけたくない。この子を少しでもよく見せたい。できる親だと思われたい。結果、つい先回りして答えてしまう。

我が子にも自分にも、いつも一生懸命! つい前に前にと出てしまう。

私は以前、子ども2人を連れて離婚。シングルマザーとなりました。これからは、私がパパの分も担わなければいけない。子どもに寂しい思いをしてもらいたくない。そんな思いから、子ども達に尽くそうと努力しました。何でも先回りし、転ばないように危険を回避し、父親がいないハンデを感じさせないように一生懸命でした。しかし、今ならわかります。

あのときの私は、子ども達の成長の機会を奪い続けていたのでした。

その後、現在の夫と出会い、再婚し、夫の連れ子も含めて突然4人の子どもの母親になりました。その後2人の間にも子どもを授かり、5人の母に。

全員を起こし、朝食をつくり、学校に行く姿を見送ったら、洗濯に買い物。夕方には育ち盛りの子ども達の夜ご飯をつくらなければならない。こうして、慌ただしい毎日を送り続けることで、以前のように、1人ひとりに時間も手間もかけてあげられなくなっていきました。

ちゃんと面倒を見てあげられなくてごめんね。

そんな罪悪感のある日々を過ごしていました。しかし、そんな気持ちでいっぱいの私とは裏腹に、子ども達はイキイキと過ごしているではありませんか。

子どものために一生懸命に取り掛かっている自分を止めれば、大きな不安に襲われます。しかしそこは、ぐっと耐えて、1歩下がって見てみてください。

子ども達が、1歩、また1歩と進んでいく姿が見えてきます。

子ども達が自分の足で歩み出し、自分の人生を生きていく。その成長はたまらなく嬉しく、そして勇気をもらうことができます。自らの意思で行動し、得てきた知識と経験を披露してくれたときには、心からの嬉しい気持ちで溢れます。

そして、この子達も頑張っているのだから、私も頑張ろう。この子達が楽しんでいるのだから、私も楽しもう。この子達が笑顔なのだから、私も微笑もう！

私がそうだったように、お母さん自身も、自分の足で自分の人生を歩み出すのです。子どもも親も、自分の人生に目標を立て、ゴール設定をする。そしてすべての行動が「やらされている」から「やりたい」に変わり、「生きているぜ！」と大空に向かって叫びたくなる。目標を設定することで、夢に向かって突き進む、爽快な毎日がやってきます。

もちろん、ただ単に、子どもを放置すればいいわけではありません。

私が日々経験し、生み出してきた、子ども達を自立させ親子の絆を深めるための「7つの貯金箱」を、この1冊にまとめました。7つの貯金箱とは、簡単に今すぐにでも始められる「笑い・経験・お金・幸せ・感謝・自信・いいじゃん」の7つのアイテムを少しずつ貯めていこうという仕組みを説いた本です。

1日1項目でもいいです。無理をせず、ゆっくり読んでみてください。そして実践できそうなところは実践し、習慣化してみてください。

現在、肩に力が入ったまま一生懸命に子育てしているお母さんやお父さん。世の中にはたくさんの育児書が出回り、日々テレビではあらゆる子育てが紹介され、親戚や友人、それから近所の人達から子育て話を聞く。その中で、自分の子育てがこれで合っているのか、もっとよくできるのではないかと、子育てを楽しむ時間よりも悩む時間が多くなってしまっている親達へ。

私は、この本と共に声をかけたいです。

「大丈夫！　子育ては楽しい！　絶対にうまくいく！」

次々に湧いてくる不安を取り除き、子ども達との生活を気楽に楽しく送ってもらえるようにと、この本を書きました。

私自身も、変わりました。そして、夫も子ども達も変わりました。人は変わることができます。それも楽しみながら。

あなたと大切な家族1人ひとりが、「生きているぜ！」と心の底から感じられることを、心から応援しています。

土本　美希

2023年8月

幸せな子どもを育てる「7つの貯金箱」
―今こそ子育てを見直そう―
～9割のママが知らない！　究極の子育てカンペ本～　目次

第2章　笑いの貯金箱

第3章　経験の貯金箱

第4章　お金の貯金箱

第5章　幸せの貯金箱

第6章　感謝の貯金箱

第7章 自信の貯金箱

第8章 「いいじゃん」の貯金箱

第9章　育児中の断捨離

第1章　貯金する前に大切な心得5箇条

1　子育て卒業間近に感じた感情≠育児中の想い

親が子どもにしてあげられることとは、何でしょう

我が子がよい人生を歩めるように、独り立ちした後も困らないようにと、お母さんは、毎日必死です。

「あれはダメ！　これもダメ！」、「部屋を片づけなさい！」、「使っていない部屋の電気は消しなさい！」、「無駄遣いしないで、お金は節約するのよ」、「ケンカをしないで仲良く」、「人を裏切らないで」、「勉強しなさい！」……。

このように目の前の我が子に対して、「こうなって欲しい」という思いでガミガミと叱りつける。よい子になってほしいという願いで頭がいっぱいです。

しかし、いざ大学へ入学するとき、または就職するときには、我が子を目の前にしてこう思うのです。

「もっと優しく接してあげればよかった」、「もっと好きなものを買ってあげればよかった」、「もっと旅行へ連れていってあげればよかった」、「もっとスキンシップを取ればよかった」

子育て真最中のころに思っていたこととは全く違う、「もっと○○すればよかった」という思いで溢れています。

もっと早くにこれに気が付いていれば……誰かが教えてくれていたらと……、いくら後悔しても、過去に戻ることはできません。

東日本大震災で子どもを亡くした母親が後悔したこと

２０１１年3月11日14時46分　東北地方太平洋沖に地震発生！

この地震により宮城県栗原市で震度7、宮城県、福島県、茨城県、栃木県で震度6強など広い範囲で強い揺れを観測しました。死者数1万５９００人、行方不明者２５２３人（２０２２年3月現在)、多くの犠牲者を出しました。津波で多くの子どもが犠牲になりました。

私の知人がボランティアスタッフとして駆けつけました。お子さんを亡くして、うなだれているお母さん達。

ボランティアスタッフだった彼は、こう慰めました。「お母さん、悲しい気持ちはお察しします。本当に辛いことだと思います。でも自分を責めないでください。地震でこんな状況になることは誰にも予想できませんでした。そして誰が悪いと言える話でもありません。まして、お母さんが悪いなんてことは、１００％はありません」

そんな言葉で慰めた彼に衝撃的な言葉が返ってきました。

「いえ、私は子どもを守れなかったことを後悔しているわけではありません。私が後悔していること、それは、叱ってばかりいたことなんです。『早く起きなさい！』、『またテレビ見て！　宿題やってないでしょ?』、『もっといい点とりなさい!』、顔を見ると怒ってばかりいました。私の怒っているときの顔を最後に思い浮かべながら、息子が津波にのみ込まれていったと思うと……もっと優しくしてあげたらと後悔しているんです……」

今も将来も、幸せになる

私自身にも、思い当たることがあります。子どものペースではなく自分の都合で追い立てるように叱っていたこともありました。保育園から帰ると、急いでごはんを食べさせ、泥だらけの服を脱がせて、お風呂にいれる。寝る時間は決まっているので、それに間に合わせることが一番の目的。それ以外のことは、見えなくなっていました。

以前の私は、子どもが、「ママ、見て、見て、タンポポ!」と目をキラキラさせて教えてくれたとき、私は、「はいはい、そうね」で終わらせてしまっていました。

だけど今の私は、違います。どれだけ忙しくても、一呼吸おいてこう答えます。

「わぁ! 本当だ。このタンポポどんな気分だろうね?」

すると子どもは、「暖かくて、気持ちいいと思うよ」と教えてくれます。

私なら「1人ぼっちでかわいそう」なんて答えていたでしょう。子どもの発想に感心した瞬間になりました。

この時間は、ほんの数分です。しかもお金もかかりません。だけど、この小さな幸せを積み重ねていくと、毎日は大きく変わります。そして将来、子ども達が巣立っていったとき、私の気持ちは、なんとも満ち足りた、とても心地良いものとなるでしょう。

急いでいるときこそ深呼吸。深く息を吸って、ゆっくり吐く。子どもをせかしていないかな？子どもの言いたいことを言わせずに過ごしていないかな？　立ち止まってみることも必要です。

子ども達の何気ない声に耳を傾け、１つ質問をしてみてください。あなたの毎日と将来子どもが巣立つという大事な日が、あなたと子ども達にとって最高に幸せなものになりますように。

２　みんな思い通り！　になる法則

思考は現実化する

子どもが眠っているときや学校へ行っているとき、お料理をしているときやニュースを見ているとき……、いつだって我が子の心配をするのは、母の愛です。

「転んだら、どうしよう」、「学校や幼稚園で、お友達との仲がうまくいかなかったらどうしよう」、「忘れ物していたら、どうしよう」、「新しい学校でいじめにあったらどうしよう」

ふと思うだけのときもあれば、気になって頭から離れなくなるときもあるでしょう。

だけど、こんな経験はありませんか？

テーブルに向かって座る我が子に、「コップのジュースをこぼさないでね」と言ったすぐ後に、ジュースをこぼしてしまう。よくあるシーンです。そう、心配をしたことは、そのまま現実となってやってくるのです。

ナポレオン・ヒルの名著『思考は現実化する』（きこ書房）

この本では、自分が思考したことが、現実に反映されることを説いています。そしてそれをうまく活かし、自分が望む結果を実現するためには、まずは具体的な目標を設定し、その目標を達成するための方法を考える必要があると教えてくれています。そして、その方法に基づいて行動し、自分が思考したことを現実に反映させることが重要です。自分の望む結果を想定して暗示にかけるのならいいですが、失敗や心配事を思考してしまうと、その通りになってしまいます。

子どもの幸せを願って心配をしているのに、そうなってしまっては本末転倒です。しかし、つい考えてしまう心配事を無理にやめる必要はありません。

ポイントは、「心配をしたこと」が「現実化する」ということ。それならその法則を逆手にとって、「よいことをイメージ」して「現実化」させましょう。

「転んだらどうしよう」↓「楽しそうに遊んでいる姿を想像する」

「学校や幼稚園でお友達との仲がうまくいかなかったらどうしよう」↓「お友達と仲良く遊んでいる姿を想像する」

「忘れ物をしていたらどうしよう」↓「しっかり準備している姿を想像する」

「新しい学校でいじめにあったらどうしよう」↓「新しいお友達に囲まれて嬉しそうな姿を想像

する」

このように、「ならないで欲しいこと」ではなく、「なってほしいこと」、「して欲しいこと」にフォーカスするのです。

そうして頭の中に浮かべた「なって欲しいこと」を現実化させていき、人生を思い通りに創り上げていきます。

いくら言っても起きられなかった息子も変わった

私自身も、病気がちだった息子に「また病気になるのではないか」と心配していたのを「元気な子に育っている」、「明るく外で遊んでいる」、「笑顔で陽の光を浴びている」とイメージし続けたところ、実際に体調を崩すことがなくなりました。

また、思春期で難しかったころの娘に対して「この時期が過ぎれば落ち着いている」、「毎日少しずつでも成長している」、「もうすぐ親子でショッピングしている」とイメージし続けたら本当に落ち着きました。

ポイントは、現在進行形にすることです。そうすると徐々にでも目標が達成していることが描きやすくなります。人によっては、「そんなの無理」と思ってしまうことがあるでしょう。そんな方でも、それが進行途中だと思っていれば、嘘にならないし、小さく実現していく過程を楽しむこともできますよね。

私の経験は、まだあります。何度言葉で言っても効果がなかった、自分で起きられない息子に対して、「新学年度からは起きられるようになっていく」とイメージしていたら、起きられるようになりました。

この法則を知った今は、子どものこと、夫のこと、仕事のこと、どんなことも思い通りです。そうは言っても、最初のうちはつい、マイナス思考が頭をよぎり続けることもあるでしょう。そんなときは、いったん受け入れたら、「今のは無し」と明るく打ち消しましょう。気持ちを軽くして行うことが、何より大切です。

そして前述したように、あなたも、今頭の中にある心配事を、「なって欲しいこと」に現在進行形で置き換え、人生を思い通りに創り上げていってください。

3　愛情の反対は……

ガミガミ子どもを叱りつけるあなたの末路

以前の私は、子ども達が寝静まった後によくこうなっていました。

我が子の気持ちよさそうな寝顔に向かって、「今日もいっぱい叱ってしまって、ごめんね」

叱ってしまった自分を後悔し、目の前の寝顔の可愛さに、胸が締め付けられる。あんなに叱らなければよかった。明日こそ、もっと優しいママになりたい。このように毎晩後悔しながら眠りにつくのに、また次の日も同じ繰り返し。こうして自分を責める毎日を送り続けていました。

あなたにも、このような経験はありませんか？

リンゴに話しかけてみたら……

ここで、ある実験を紹介します。

りんごを３つ用意し、それぞれ違った環境に置き続けます。

１つ目のりんごには、毎日「ありがとう」、「いつも、ありがとう」、「キレイだね」と、優しく話しかけます。

２つ目のりんごには、「バカ！」「アホ！」などの罵声を浴びせ続けます。

３つ目のりんごには、何も言いません。無関心、放置です。

この３つのりんご、その後どうなったと思いますか？　実はその後、この３つのりんごには明らかな違いが現れました。なんと、３つ目の無関心な状態に置かれたりんごが、一番早く腐敗したのです。

徹底された無関心環境の赤ちゃん50人の運命

今からおよそ８００年前の話です。

ローマ皇帝であるフリードリッヒ2世は、こんな疑問を持ちました。

「生まれてから、いっさい人の言葉に触れず、コミュニケーションも取らずに育った赤ちゃんは、どんな言葉を話すようになるのか？」

彼は、この疑問の答えを得るため、50人の生まれたての赤ちゃんを集め、部屋に隔離しました。

そして監視する者達には、左記の条件を徹底するように命令したのです。

・赤ちゃんの目を見てはいけない
・赤ちゃんに笑いかけてはいけない
・赤ちゃんに話しかけてはいけない

ただし、ミルクは与え、風呂に入れ、排泄の世話だけは行う。

赤ちゃんの人権を無視した、世にも恐ろしいこの実験。

結果、どうなったと思いますか？

結論から言えば、「人といっさいコミュニケーションを取らずに育った赤ちゃんが、どんな言葉を話すようになるか」という疑問の答えは、わからずじまいに終わりました。

なぜなら……。

50人の赤ちゃん全員が、すぐに死んでしまったからです。

この残酷な実験は、図らずも私達に次のことを教えてくれました。

人は、人とコミュニケーションを取らなければ生きていけない！

「コミュニケーション」「言葉がけ」「スキンシップ」は、人間だけに与えられた尊い行為だと思っています。

愛の反対は、憎しみではない。無関心だ

マザーテレサの言葉です。

毎晩、「ガミガミ叱りたくなかった」と後悔している私達は、我が子に対して無関心ではありません。怒っているということは、「とても関心を持っている」ということ。それなら、叱っている時点で、「既にいい」のです。この「叱ってしまった私」を、褒めてみませんか?

これは、これから私がご紹介する、「幸せな子どもを育てる貯金術」を実践する前に、大切なことです。

今が既にいいということに気づいていなければ、これからいろんな要素を取り入れても、実践する際にやり通すのが難しい、揺らぎやすい状態となってしまいます。

ぜひ、これからご紹介する貯金術を取り入れ、安定して実践していけるよう、「今、いいじゃん」で、今のあなたを褒めてください。

叱っている私、いいじゃん!

子どもに無関心でいないあなたより、子どもと会話していないあなたより、子どもとスキンシップをとっていないあなたより、叱っているあなたのほうが、素晴らしいのです。

子どもに目がいっているあなたは、既にいいのです。

4　まだ気づいていない子育ての正解とは

子育ての正解は、どこにあるのか

「ご近所のみさきちゃんは、3歳からピアノを習っているから、うちの子も3歳になったので習わせよう」

「クラスのほとんどの生徒が英会話教室に通い始めたから、うちの子も通わせよう」

「SNSに投稿しているママ達が、手づくりのお菓子しか食べさせないようにしているので、私もそうしたほうがいいかな」

子どもの一度しかない人生を、よりよいものにしてあげたい。そのためには、どう育てればいいのか、何をしてあげたらいいのか、考え、そして情報収集をすることは大切です。

しかし、溢れる情報のなかから、子育ての正解はどのように見つければいいのでしょう。

実は、子育ての正解は、どこを探しても見つけることはできません。

「夫と子育ての方針が合わない」そのときは？

子どもは、日々成長しています。ほんの少しずつでも着実にオトナになっています。母親が行うべき子育ては、周囲の人に合わせるための子育てではありません。周囲に合わせた子育てではなくていいのです。自分の子どもをどう育てるのか。それはお母さん自身が決めていいのです。

私は、私自身の「子育ての正解」を決めた後、また夫にも「子育ての正解」があることに気がつきました。

夫婦で「子育ての正解」が違う場合は、どうすればいいのでしょうか。ある日、このようなことがありました。

次男が、高校を辞めたときのことです。

多くの悩みを抱えているであろう次男に対して、夫は、ほとんど関与しませんでした。私は、もっと優しく構ってくれたらいいのにと、夫の態度に不満を感じていました。

しかし、後から次男に聞いたところ、「あのとき、お父さんが口出しせずに見守ってくれたことが、本当にありがたかった」と言われました。

私と夫、それぞれに「子育ての正解」がある場合、時には夫のほうが正しかったということもあります。私はこの経験から、「正解は持つが、その正解だと思ったことを通さなくていい」と、気がつきました。

自分自身の「子育ての正解」を持つこと、夫や周囲の人の「子育ての正解」も尊重すること。この２つを大切にしながら、揺るがない自分で子育てをしていきましょう。

弁当を持った父親の姿が、やる気に火を着けた

これは、友人から聞いた話です。

友人は子どものころ、母親に「勉強しなさい！」、「勉強しなさい！」と、口うるさく言われていました。勉強以外でも、どんなことにも常に関心を寄せられ、口出しされていました。今思えば心配してくれてのことだったと理解できるそうですが、当時は信じて見守ってほしいこともあったそうです。

一方、父親は教員なのに口うるさくいうこともなく、見守ってくれていたそうです。それは無関心ということではなく、「いざというときは相談しなさい」と構えてくれているという安心感がありました。友人は高校3年生のとき、急に勉強に燃え、偏差値30から、大学を目指したそうです。学校では受験3科目以外の授業もあり、その時間が勿体ないからと図書館で勉強していました。

そして、ある日のことです。友人はその日も学校をさぼり、自転車で図書館へ行きました。途中、一休みしにロビーに行くと、そこにはなんと、父親が立っていました。そして、「カズ！　弁当を忘れていったぞ」と言いながら、弁当を渡してくれたそうです。友人は、「ありがとう」と受け取った後、ふと思ったそうです。なんで図書館にいることを知っているんだろう……。

学校をさぼっていることを、父親は知っていた。それでも怒らずに、黙って弁当を渡しにくる。友人は、父親のその寡黙な優しさにより一層、勉強する気になったそうです。そしてもし、両親が2人とも口うるさかったら、つぶれていたかもしれないと言っていました。

この話を聞いたとき、子育ての正解とは何か、そして必ずしも母親と父親が同じ意見で子育てをする必要はないということに、気づきました。

私が両手をひろげても、
お空はちっとも飛べないが、
飛べる小鳥は私のように、
地面（じべた）を速くは走れない。

私がからだをゆすっても、
きれいな音は出ないけど、
あの鳴る鈴は私のように、
たくさんな唄は知らないよ。

鈴と、小鳥と、それから私、
みんなちがって、みんないい。
『私と小鳥と鈴と』　金子みすゞ

子育ての方法も、「みんなちがって、みんないい」んです。

5　ゴール設定することで「もう迷わない」育児

間違ったゴール設定と、子どもの可能性を伸ばすゴール設定

子育てに一生懸命なあまり、今日しか見えていないような状態になっていませんか？　その上、「お友達のリンちゃんはこうなのに、ひまりちゃんはこれをやっているのに、うちの子はどうして、できないの？」なんて、不安になったり、あちらこちらに目がいっていませんか？　このように右往左往してしまう一番の原因は、「子育てのゴール設定」ができていないからです。

「子育てのゴール設定」と聞くと、あなたは、どのようなことを思い浮かべますか？

・子どもがサッカー選手になること
・有名な学校に進学して、将来は有名企業に勤めること
・父親と同じく、子どもも医者になること

このように、どんな学校に行って欲しいか、どんな職業について欲しいかをゴール設定にしてしまう方は、多いと思います。

しかし、このようなゴール設定は、ストレスを溜めてしまう原因となってしまうのです。

ここで、子育てで「もう迷わない」状態になれる、ゴール設定のやり方をご紹介します。

ポイントは、どのような子どもに育って欲しいか。進学先や就職先ではなく、その子自身を見つめて、ゴール設定を決めることです。

・老若男女に分け隔てなく優しく、いつも多くの人に愛されながら囲まれている人になって欲しい
・いつも人を応援しているから、自分も応援される、相手のために何ができるかを考えられる人になって欲しい
・自分が何をしたいかが明確で、失敗したときに親や友達のせいにしない子に育って欲しい
・小さなことでも大きく喜ぶ、幸せをキャッチすることが上手な子に育って欲しい
・継続力があり、困難を乗り越える力のある子に育ってほしい

このように、より具体的にどんな子に育って欲しいかを「子育てのゴール」にしましょう。

永遠に満足できない「ゴール設定」とは

サッカー選手、有名企業就職、医者……そんなゴール設定では、子どもは窮屈になってしまいます。また、子ども本人が心変わりしたときに、対処できなくなります。

私の友人も学校の先生一家で、先生になるのが宿命のように育てられました。友人は、成長するにつれ、「民間企業に勤めて営業をして、よい商品をお客様に売って満足してもらえる仕事に就きたい」と思うようになってきました。

その後友人は、大学で教員になるために教職過程を履修していましたが、親に黙って途中でやめ

てしまいました。そして、健康器具を販売する民間企業に就職。トップセールスマンとして商品を売り続け、お客様の健康、そして幸せの手助けをしています。

この友人の場合、もしもゴール設定が、「先生になる」ではなく、「世の中の人を幸せにする人になる」だったら、どんな職業についたとしても、満足のいく結果を見つけられるということになります。

また有名大学や有名企業を目標にすると、永遠に満足できないということも起こります。

例えば、Aという大学を目指していたけど、自分自身のランクが上がったのでB。もっと上がったのでC。際限がありません。最終的には東京大学に進学、いや東京大学の中でも、この学部よりあの学部と、どこまでも満足できなくなります。就職に関しても、同じことが言えます。

進学先や就職先ではなく、どのように育ち、どうなってほしいのかで、ゴール設定することが幸せの道しるべになるのです。

みなさんもぜひ、前述した具体例を参考に、子どものやる気を引き出し、満たされる、正しいゴール設定をしてみてください。

ゴール設定の更新は、子育て大成功の証

またゴール設定は、一度決めたら終わりではありません。ゴール設定は、更新していくことが大切です。以前したゴール設定を見直した際に、「なんだかこれ、今のこの子には合っていないな」

と感じたら、我が子の成長の証。喜んで、もう一度ゴール設定をし直しましょう。たとえその以前に設定したゴール設定が達成されていなくても、問題ありません。以前設定したゴール設定とは違う子になっていたのなら、それはその子が持つ個性と才能が、充分に発揮されたということ、子育て大成功です！

例えば、毎日毎日朝から夜まで汗だくになりながら、野球に明け開暮れていた野球少年。夢は甲子園に出場すること！　といいながら、自ら練習に向かう姿を、嬉しく見守っていたとします。しかしそんな彼が突然、YouTubeやTikTokの料理動画に夢中になり始め、野球の練習の時間が減り、家で料理をつくるようになったら……。

天ぷらの衣がサクッと揚がる方法を見出して、喜んでいるかもしれません。そして、あんなに何年も野球に人生を費やしてきたというのに、料理の専門学校へ行きたいというかもしれません。それも、最高です。

子どもが自ら、新たな道を見出し、楽しそうに進んでいく。どの子にも、私達の知らない才能がまだまだ潜んでいるものです。

子育ては、私たちが予測できない展開を楽しむものです。

子ども達が次々に見せてくれる変化と成長を、楽しみましょう。そして、何度も新たなゴール設定をするのを楽しみながら、子どもの成長を幸せに見守ります。ゴール設定と共に、子育てをより楽しみましょう。

第1章のまとめ

母親から子どもへの愛。父親から子どもへの愛。愛さえあれば大丈夫と思えども、子育てにおいては、必ずしもそうとは言えない場面があります。「子どものことを思って、やったのに」と、愛しているがゆえにやったことが、子どもを苦しめ、また子どもの成長を妨げてしまうことがあります。しかもそれが、ほんの些細なことからも起こりやすい。そう考えると、子育てはとても難しいものだと感じる方も多いでしょう。

だけど、ここで忘れないで欲しいのです。母親から子どもへの愛。父親から子どもへの愛。そしてそれ以上に、もっとも強くて、パワーと可能性に満ちているのは、子どもから両親への愛です。子育てに、失敗も成功もありません。たとえあなたがどんな子育てをしたとしても、子ども達はいつも、あなたを愛しています。ここからは、あなたとあなたの子どもが、毎日を幸せに大満足しながら、思いっきり幸せに生きるためのヒントをお伝えしていきます。いろいろなヒントが出てきますが、その前に頭に入れておいてください。

あなたがいて、子どもがいる。それだけでもう、幸せです。

ここから出てくる数々のヒントは、今すでに幸せなあなたの毎日を、より楽しむために使ってくださいね。

第2章　笑いの貯金箱

1　笑うだけで人生好転継続中

ピンチなときにこそ、笑顔のパワーは大きい

あなたは、1日にどれくらい笑っていますか？

アメリカの哲学者であり、心理学者であるウィリアム・ジェームズの名言に「楽しいから笑うのではない、笑うから楽しいのだ」という言葉があります。

私は過去に困難の連続だったころ、苦しいときにこそ笑って状況を好転させてきました。

例えば、最初の結婚をしたときのことです。新婚早々、夫に７００万円もの借金があったことが発覚しました。

それを聞いたときはショックで、茫然としていました、しかし、とにかく笑おうと決心しました。辛くても快活そうに振る舞って、友人の前でも笑顔で話しました。すると最初は戸惑っていた友人も、笑顔で接してくれました。そうしてお互いに笑顔で話していくうちに、解決策や今後どのように対応していけばよいか、よいアイデアも生れてきました。

仕事のトラブルや無理難題にぶち当たったときにも、「どうしよう……」と落ち込むのではなく、まずは笑います。暗い顔をしていては、目の前に壁ができるだけです。それ以上前に進むことはできません。

ところが、笑っていたら、まるで、「ネタ」かのように、ネガティブな気持ちで過ごしていては思いつかないような「とんでもない解決策」が閃くこともあるのです。

人手不足で仕事が立ち行かなかったときにも、笑顔で考えました。そうすることで、「受付は２人も必要ない、その人員を営業に回そう」「対面ではなく、オンラインやメールで対応しよう」等、どんどん閃き、最終的には、「社長の方針をチャットＧＰＴに投げかけて、解説してもらおう」なんてコーナーも、生まれました。

苦しいとき、辛いときこそ、笑顔になる。そうすることで、もう無理だという気持ちが消えていき、何とかなるという精神が生まれてきます。

笑顔でいると、人が集まってきて協力もしてくれます。辛そうな顔をしていると、最初は同情し、人は集まってきてくれますが、徐々に離れていきます。

「楽しいから笑うのではなく、笑うから楽しいのだ」このように自らを改めることで、自分自身を取り巻く環境は、どんどん変わっていきます。

想定外の悲劇をも好転させる一言とは

『モテモテＰＲ』（セルバ出版）の著書で、メディア活用研究所代表の大内優《おおうちゆう》さん。

彼が、報道記者から独立後、「１００年後に残したい話」というテーマの講師オーディション（有限会社　志縁塾主催）に出場した際に話されていたエピソードをご紹介します。

ある日、都内にある入居ビルが火災にあいました。事務所は全焼。資料も備品もすべてが燃えてなくなったそうです。このようにすべてを失ったとき、人はどう思うのでしょうか？

暗い顔で過ごし、笑うことはできず、言葉もでないかもしれません。しかし大内さんは、想定外の災難に襲われたとき、自分が発する言葉を、あらかじめ準備していたそうです。

その言葉は、「そうくるか！」大内さんは、予期せぬことが起こったときは「そうくるか」とつぶやくことに決めていたのです。

火事ですべてを失って、「もうダメだ！　もうダメだ！　もうダメだ！」って、いくら連発しても、前を向くことはできません。

想定外の災難から立ち直るステップは、次の通り。
①「そうくるか」と言って、いったん受け入れる。
②その後に対策を考える。
③さらに、前代未聞の予想していなかった状況を笑顔で楽しむ。
この通りに進めれば、自然と立ち直れます。ひどい目に遇っても、ウソのように立ち直って平然としていると、周りに人が集まってきます。そして笑顔でいれば、いいアイデアも浮かぶそうです。

私も、大内さんの講演を聴いて以来、子育てや人間関係で悩みそうになったときには、笑顔で、「そうくるか」と声に出しています。そうすると自然と笑顔になり、事態を受け入れ、楽しみながら、対策を練ることができるようになります。

どんなことがあっても、どんな状況になっても、その状況を笑顔で楽しむ。

ピンチのあとにチャンスがくると考え、乗り切る。下を向いていないで、速く着手したり、相談して周りを巻き込んだり、知恵を借りたりする。

起こった事実を変えることはできません。しかし、起こった事実をどうとらえ、乗り切り、前を向くかということが重要なのです。

苦しいとき、悩んだときにこそ笑顔。笑顔で人生を好転させ続けていきましょう。

2　笑いの引き寄せの方程式　VS　腐ったミカンの方程式

この世でもっとも強いエネルギー!?

前述したように、アメリカの哲学者、心理学者のウィリアム・ジェームズの名言に「楽しいから笑うのではない、笑うから楽しいのだ」という言葉があります。

日本にも、「笑う門には、福来たる」ということわざがあります。その名の通り、笑いの効果は絶大です。

ただし、その絶大な効果にも勝ってしまう、強力なエネルギーがあります。

それは、マイナスエネルギーです。どれだけ明るい人達に囲まれていても、たった1人、「私は今、辛いよ」、「私の苦しみに気づいて！」というオーラを放ち続ける人がいるだけで、その場の空気はガラリと変わります。そのマイナスエネルギーが続いていくと、先ほどまで笑顔だった人達も徐々に笑顔が奪われ、暗い雰囲気にのみこまれてしまいます。

もちろん、愚痴や暗い顔をしてはいけないということではないのです。毎回ずっと暗い顔をして負のオーラを出し続けることがダメなのです。

共感してくれる人は、目の前にいる

まさか自分がそんなことをするわけがないと思っているあなたも、気づかぬうちにこのようなマイナスエネルギーを出してしまっているかもしれません。

「夫とケンカをしてしまった」、「子どもが学校へ行かない」、「子どもが病院からグレーゾーンという診断を受けたので心配」このように心配事が頭から離れないときには、周りにいくら人がいたとしても、話す気分にはなれません。

こんなとき、自分の胸に手を当ててみると、胸の中でパンパンに膨らんだ風船が、今にも破裂しそうになっていることでしょう。そして、心のどこかでは「助けて欲しい」と思っているはずです。

しかし、それと同時にこんなことを思っていませんか？

「みんなは私ではないから、私の想いや苦しみは理解できないだろう」

もちろん、自分と同じ人はいません。だけどあなたの目の前で笑っている人は、過去に苦しい体験をして、乗り越えた人かもしれません。もっと辛い思いをしてきたのかもしれません。もしくは、今現在、同じ悩みを抱えているかもしれません。そして笑っているけど、心の中では苦しみを抱えているかもしれません。声に出してみると、共感してくれる人は多いです。みんな、あなたの敵ではありません。

例えば、「私は県外から来たから」と言って、疎外感を持っている方がいるとします。しかし、同じ日本です。広い意味では一緒です。

「違う」と思っていることも、実は「同じ」かもしれません。

ほんの少しの勇気を出して、目の前の人に話してみましょう。そこで共感してもらえたり、新たな視点が得られたりすれば、あなたは自然と笑顔になります。そして笑顔でいれば、自然と人が集まってきます。

気づかぬうちに失ってしまっている笑顔を取り戻し、自分も周りも笑顔にし、「腐ったミカンの方程式」を消していきましょう。

人は誰もが、新鮮なミカンに戻れる

ちなみに、「腐ったミカンの方程式」とは、学園ドラマの名作『３年Ｂ組金八先生』（第２シリーズ（１９８０〜１９８１年）で取り上げられ、注目を集めた不良学生の話にでてきます。箱の中に腐ったミカンがたった1つあるだけで、他のミカンも腐っていく。だから、腐ったミカンは取り除かなければならない。このときの腐ったミカンとは不良生徒のことです。

不良学生が1人いると、周りの学生まで不良になり、悪さをしだすという例えです。だけどもちろん、誰も腐ったミカンではありません。本当の腐ったミカンは、どんな方法を使っても、新鮮なミカンに戻ることはありません。しかし、人間はそうではありません。その生徒が現在「不良生徒」だとしても、真の意味で更生され、輪の中に溶け込むことができます。

現実の話もそうです。その人を排除するのではなく、心の中にある負のオーラを解消していくことが重要なのです。ほんの少しの勇気を出して、まずは目の前にいる人、そして周りにいる人に、声をかけてみてください。

3 「鏡の中の私を笑わせろ」ゲームの勝敗は?

鏡は、幸せをつくるための最高のツール

突然ですが、自分の顔を鏡で見てみてください。どんな顔をしていますか?

あまりに気の抜けた顔だったので、思わずキリっと目を大きく開けてしまいましたか? それとも、昨夜眠りにつくのが遅かったので、今日はこんなものだろうと、気が抜けたような顔のままでいますか? もしくは意外と眉間に皺が寄っていて、「私も、歳をとったなぁ」なんてしみじみし

ましたか？

ふだん、鏡をどれだけ見ているか。もしくは、見ていてもどんな点に注目しているか。鏡は、ヘアスタイルやお化粧、洋服のコーディネートをチェックするためだけのものではありません。実は、鏡の中の自分としっかり交流していくことに、人生を好転させるヒントが隠されています。

では、さっそく行いましょう。ここで鏡の中の自分の顔を、笑わせてみてください。

「笑いなさい！」と鏡に向かって言うだけでは、鏡の中の自分は笑いませんよね。では、どうすれば笑うでしょう。その方法は、とてもシンプル。簡単な方法でかつ唯一無二の方法は、あなた自身が鏡に笑いかけることです。

周囲に溢れる「鏡」達

実はこの鏡、他のところにも存在しています。

それは、子ども達、夫、周囲の人達です。例えば子どもに対して、「笑いなさい！」と言っても、笑ってはくれません。しかし、私自身が子どもにニコッと笑いかければ、子どもも笑い返してくれます。

子ども達の表情は、鏡と同じ。「人は自分のうつし鏡」なのです。私が笑えば、目の前の人も笑います。ではこんなときには、どうすればよいでしょう。

子どもが学校でイヤなことがあったときや、友達と喧嘩して帰ってきた日には、眉間に皺を寄せて険しい顔つきになっています。そんなときに、「そんな険しい顔をしていないで、笑いなよ」と言っても、「いや、そんなこと言われても」と返ってきて終わるでしょう。

この場合、言葉はいらないのです。こんなときは、自分の頬に人差し指を当てながら、「ニコッ！！」と声に出し、子どもの顔を覗き込みます。すると、子どもの表情がホロッとほぐれ、自然な笑みがこぼれるのです。

こうして、子ども達の笑顔が増えると、嬉しい変化がありました。子ども達が、ふだん言わないようなことや言いづらい悩みも、この「ニコッ」の魔法で心のロックを外すことにより、気軽に話してくれるようになったのです。

鏡の中の自分を笑わせるように、子ども達や周囲の人達にも、笑いかけてみてください。とてもシンプルで、効果は抜群です。

鏡を活かす方法、応用編

補足ですが、「ニコッ」の魔法を応用して、子どもに進んで勉強させる方法があります。例えば、「勉強をしなさい」、「宿題をしなさい」、「復習をしなさい」と言っても、なかなか行おうとしません。むしろ逆効果です。それは実は、心理的リアクタンスという心理作用が働くからなのです。

広島文教女子大学で社会心理学を専門とする深田博己氏によると、心理的リアクタンスとは「個人が特定の自由を侵されたときに呼び起こされる、自由回復を志向した動機的状態」を指すとおっしゃっています。つまり人間は、「〇〇しなさい」と他人（母親）から指示や命令をされ、自由に行動する権利を制限されると、反対の行動をとる可能性が高くなるのです。

あなたも子どものころ、親に「勉強しなさい」と言われて「今、やろうと思っていたのに！」と反発し、やる気をなくした経験があるのではないでしょうか？

では、どうするか？　鏡の中の自分を笑せたとき、どうしたでしょう？

ここでも、答えはシンプル。自分自身に笑いかけましたね。それと同じです。子どもに勉強をして欲しければ、同じように自分自身が勉強している姿勢を見せるのです。親がテレビばかり見ていると、子どももテレビやYouTubeを見続けます。食事中、親がスマホをいじりながら料理を食べていると、子どももスマホを見ながら食事をします。親が読書をしていると、子どもも本を読むようになります。親が勉強している姿を見せると、子どもも勉強をする気になります。ここでもやはり、よくも悪くも親は子の鏡なのです。

4　1日1回ニセ笑顔でワンチャンいける！

ニセ笑顔は、ただの運動

笑顔が人生を好転させる！　笑顔のパワーは絶大！　と繰り返し言ってきました。しかし、「そうはいっても、そんなすぐには笑顔を振りまくことはできない」という方もいるでしょう。

以前の私も、その1人でした。そんなときに私がやってきたのは、「ニセ笑顔」です。心は、まったく笑っていない、むしろ怒りで燃えています。そんなときにも、口角を少しあげることで、笑顔は完成します。感情は関係なし、ただ筋肉を動かすだけです。

私はこのニセ笑顔を使うことによって、状況を好転させていきました。

まだ長女が思春期真っただ中だったころ、夫の連れ子ということもあってか、私との間や家庭内でいろいろとうまくいかない事象が起こっていました。

そんなある日のことです。夜にいざこざがあり、もやもやとした思いを抱えたまま迎えた朝。長女に対し、心の中では、「この生意気！　クソ！」なんて思いながらも、私は意を決して、口角を上げ、「おはよー！」と、声をかけました。

すると驚いた顔をしながら長女も、「おはようー」と、明るく返してくれるではありませんか。

私は本当に、涙があふれてくるほど嬉しくなりました。

いくら言い合いをしても、腹が立つことがあっても、親は子どもをいじめたいわけではありません。もちろん潰したいわけでもありません。そのため、例え複雑な思いを抱えた最中であっても、ニセ笑顔や返ってきた明るい挨拶で、私の心は救われました。

子ども達のよりよい睡眠のために

またこんなときにも、ニセ笑顔は活躍しました。

寝る前に子どもを怒ると、子どもの睡眠の質が下がると言われています。そのため、「寝る前の10分間、心を穏やかにするのはとても大切」です。

しかし寝る前といえば、「もうこんな時間よ！」、「早く歯磨きしなさい！」、「部屋を片づけて！」など、怒る機会は多のではないでしょうか。

だからこそ寝る前には、グッと口角を上げ、「おやすみー！」と声をかけましょう。

既に一言や二言、もしくはそれ以上！　怒ってしまった後でもいいのです。その後に行った「ニセ笑顔」がすべてを帳消しにし、子どもの心と表情を、笑顔にしてくれます。

大切な「寝る前の10分間」を笑顔で過ごすことができれば、子どもの睡眠の質が向上します。そしてこのようにニセ笑顔を続けていくと、「嘘も方便」、気がつけば自然に笑顔になる習慣が出来上がります。

そうです。ニセ笑顔は、自然な本物の笑顔になっていくのです。

行動することで変えられる

行動が先か感情が先かという問題があります。

明治大学教授、言語学博士。シカゴ大学博士課程修了。ヨーク大学オズグッドホール・ロースクール修士課程修了・博士課程単位取得退学、専門は司法におけるコミュニケーション分析の堀田秀吾氏と、東京医科大学卒業後、東京医科大学病院循環器内科へ入局。循環器専門医と内科認定医を取得後、平成20年に医療法人社団EPIC DAY東京メディカルクリニック平和台駅前病院の院長に就任した木島豪氏の共著、『科学的に自分を思い通りに動かす セルフコントロール大全』（ディスカヴァー・トゥエンティワン）に記載されていた内容を一部、ご紹介します。

世間では、脳と体なら、脳が先に指令をだして、その指令に合わせて体が動くとイメージする人は少なくないでしょう。しかし現在は科学の進歩により、人間は体が動き、その動きに合わせて脳が考えるという順番であることが判明しています。

例えば、じゃんけんで「パーをだそう」という意識より先に、体がパーをだす動きを始めているということです。一見信じがたいことですが、数々の実証実験によって、証明されている事実だと、説明されていました。

たしかに、熱いアイロンを触ったときに、脳からの「熱いからその手を早く引っ込めろ！」という指令を、待ってはいませんよね。誰もが脳が指令を出す前に、瞬時にアイロンから手を離す行動をとっています。

このように、行動が感情に勝るのです。

これは、感情に振り回される日々に疲れている方々への、よい解決策にもなるでしょう。

自らのネガティブ感情をコントロールできずに苦しんでいる方も、まずは体を動かしてみてください。

今すぐに感情では笑えないというあなたも、まずは、行動であるニセ笑顔から始めてみませんか？

5　ママは王女様！　でピンチは乗り越えられる

貴重な国民の声に耳を傾け、どんどん解決

子ども達は、楽しいこと、嬉しいことばかりでなく、無理難題を言ってくることや、腹が立つことを言ってくることもあります。

そんなときに役に立つのは、「パパは王様、ママは王女様！　大作戦」です。

王様と王女様と言っても、裸の王様のような傲慢な王様ではありません。

国民の声に丁寧に耳を傾ける、品のよい王様と王女様をイメージしてください。

少し、想像してみてください。「親」と「子」として話をしていれば感情的になってしまう場面でも、「王」と「国民」として話をすれば、冷静になって対処できると思いませんか？

王様にとって国民の声は、自分には見えていないわが国（家族）の実情を報告してくれる貴重な声です。この、「パパは王様、ママは王女様！　大作戦」を取り入れることによって、我が家ではこんないいことがありました。

子ども本人が望む最高のサポートを実現

三男が高校生だったころ、ある日、私にこう言いました。

「お母さん、もうこれからは模擬試験の順位や点数にあれこれ言わないで。何なら応援も、しなくていいから」我が子からの突然の言葉。みなさんは、どう感じるでしょう？

こう言われた場合、親の立場なら、「お母さんだってあなたのことを思って、いつも一生懸命応援してきたのに！　ひどい！」と思ったとしても、無理はありません。その気持ちは、よくわかります。

しかしここで、王様と王女様なら、どうするでしょう。

私達はこのとき、「パパは王様、ママは王女様！　大作戦」を実施していたことにより、「どうしてそう思うの？　説明してくれる？」と、冷静に興味を持って聞くことができたのです。こうして私達は、三男の考え、要望を落ち着いて聞くことができました。

三男は、自分で計画を立てながら頑張っていること、勉強は時期ごとに順番に強化している教科があるので、時と場合によっては点数が低くなる教科もあるということ、そういった事情を知らないままに、感想を言われるのは嫌だということを話してくれました。

私はその説明を冷静に受け止めた後、三男に、「では、まったく関心を持たないで欲しいのか、それとも陰から見守って欲しいのか、どっちがいい？」と尋ねました。

すると三男からは、「空中に浮かんでいる風船の紐の部分を持つようなイメージ」という答えをもらいました。つまり、自分のことは自分で選択して風船のように自由に浮かんでいるけど、ここぞというときは、しっかり紐を握っていてほしいということだと解釈しました。

私は、三男の素直な思いが聞けたこと、それを話してくれたことを、とても嬉しく思いました。

また、親は木の上に登って遊んでいる子どもを、その下でしっかり見守っているイメージを持ち、三男が望む安全基地を用意してあげられることも、「国民の声」をしっかり聞く「パパは王様、ママは王女様！　大作戦」を取り入れたおかげだと感じています。

子ども達は、私達に見えていない大切なことを教えてくれる存在です。

ぜひ、王様と王女様になって、子ども達の声に丁寧に耳を傾けてみましょう。

6　意外と重要「ノンバーバル」な振る舞い方

何も言わなくてもコミュニケーションは始まっている

あなたは、「ノンバーバルコミュニケーション」という言葉を、耳にしたことはありますか？

これは、人の表情や声の調子、香りなどの人間が「五感」によって、捉えることのできるコミュニケーションのことです。

アルバート・メラビアンという心理学者が提唱した「メラビアンの法則」。これによると、人と人とのコミュニケーションにおいて影響を与えるウェイトは、

・言語情報　7パーセント
・聴覚情報　38パーセント

・視覚情報　55パーセント

だと、提唱されています。なんと、「何を言うか」よりも断然、「何が見えているか」が重要なのです。例えば、こんな経験はありませんか？　知らない場所に行き、道を尋ねる際、誰に尋ねようかと探すシーンを想像してください。

まだ話してもいないのに、「この人、話しかけやすいな」と、勝手に判断していませんか？　このように、「何を言うか」の前から、コミュニケーションは始まっているのです。

私達はいつも、無意識のうちに、「ノンバーバルコミュニケーション」を行っています。この道を尋ねる相手を決めたときのように、家庭内でも子ども達から、「話しかけやすいな」と、感じてもらいましょう。

要注意！　知らずのうちに出している「話しかけないでオーラ」

ここで1つ、質問させてください。あなたは、ふと一息ついてソファに座っている時間、どのような表情をしていますか？　話しかけやすい表情をしていますか？

私はそれを確認するため、ソファの上で手にしているスマホを、不意にカメラに切り替えるようにしています。

ロウアングルからの、「ボケーッ」と気の抜けた無表情。ぜひあなたも、やってみてください。

私は、この「ブルドッグフェイス」に驚いて、慌てて顔の筋肉を引き締めました。それからは気づいたときには必ず、顔の筋肉を引き締めるように心がけていると、いつの間にかそれが自然な表情として身に付いてきました。

「話しかけて欲しい」か「話しかけないで欲しい」、真実がどちらかに関係なく、話しかけてもらえなくなる可能性をたっぷり秘めている「ノンバーバルコミュニケーション」。しっかり気をつけていきたいものです。

「ノンバーバルコミュニケーション」を味方につければ、家庭内だけでなく、職場やカフェでも役に立ちます。

子ども達が、「話しかけたい！」と自然に思えるような表情を身に付け、より多くの会話を楽しみましょう。

7　○○になるだけで免疫力アップ！

無料！　簡単！　最高で最強の健康法

1年を通して、あらゆる病気が流行しています。

「赤ちゃん期」は、免疫が少なく次々と病気にかかりますし、また幼稚園や学校など集団生活が始まると、必ずといっていいほど流行中の病気を持って帰ってきます。

しかし、勉強に習い事、大事な試験やイベントなど、病気をしてもよいという日はありません。また、1年365日休みが取れないお母さん達も、病気で寝込むわけにはいきませんよね。そこで、私がおすすめしたい最高の健康法があります。

それは、何だと思いますか？　お金もかかりません。習得する必要もありません。人を巻き込まなくてもできます。なんと答えは、とても簡単。私がおすすめする最高の健康法は、笑顔になることです。

ナチュラルキラー細胞という言葉を、聞いたことがありますか？

この細胞は、全身を循環して回り、ウイルスやがん細胞を見つけると攻撃をする、私達の自然免疫に重要な役割を果たしている細胞です。ナチュラルキラー細胞は、私達の体内に約50億個あり、これらが活性化することで、免疫力が高まり、感染症にかかりにくくなります。

私達の毎日に欠かせないナチュラルキラー細胞を活性化させるのが、笑顔なのです。笑顔は、お金をかけずに今すぐできる健康法です。

本当に笑っていなくても、家族みんなが健康に

他にも、笑顔にはたくさんのいい効果があります。

15分間笑えば、カロリーを20から40キロ消費することができ、公園を15分間散歩したのと同じ運動量になります。また笑っている人の周りには、自然に人が集まってくるので、孤独を感じること

はありません。このように笑顔でいることによって、あらゆるよいことが連続して起き、ストレスが緩和されていきます。

しかし、そんな突然「笑顔になりなさい」と言われても、笑えない方もいるでしょう。

韓国のお笑い芸人で新聞放送学博士号の顔を持つイ・ユンソク氏の著書『笑いの科学』によると、平均寿命の80年を生きたとして、多くの人は一生のうち、合計22時間30分しか笑わないと書かれています。なんと、一生で1日分より少ない時間しか笑わないのです。

こんなに長い時間生きていても、たったこれだけしか笑っていないの？　それでは、免疫力が全く上がらないのでは？　と心配になってきましたか？

しかし、心配は要りません。なぜなら、このナチュラルキラー細胞を活性させるための笑顔は、つくり笑いでも効果があるからです。

口角を上げるための筋肉を動かすだけで、自然に笑っているのと同じ効果を得ることができます。

我が家の子ども達は、以前に比べてよく笑うようになりました。

そしてよく笑うようになると、風邪をひきにくくなりました。以前は子ども達の誰かは常に熱を出していたのが、今では年に1回出るか出ないかというまでになっています。私自身も、笑顔によって片頭痛がなくなりました。

今すぐできる最高の健康法、笑顔！

この方法を取り入れ、家族みんなが健康でいられる毎日を送ってください。

第2章のまとめ

一説によると、赤ちゃんは1日に400回笑い、それに比べて大人は1日に15回しか笑わないと言われています。この数だけを比べてみると、「そんなわけない！」と言いたくなりますが、ここで今一度、自分が1日にどれだけ笑っているか、思い返してみてください。

当たり前の話ですが、外を笑いながら歩いている人は、いませんよね。家でただ家事をしているときも、テレビでニュース番組を観ているときも、笑っている人はいないでしょう。

大人になると、日々仕事、用事、家事に追われます。そしてそれらの時間の中では、笑う機会はとても少ないです。しかし、この笑顔のパワーを知ることにより、意図的に笑顔をつくろうと思われた方も、おられるのではないでしょうか。

最初は、「わざわざ笑う」で、いいのです。スポーツジムへ行って、ランニングマシンや水泳をするよりも、簡単です。

笑顔1つで、いくつもの嬉しい恩恵を受けることができます。しかもそれは、自分だけでなく、家族や周囲にももたらされます。みなさんもぜひ、まずは「ニセ笑顔」から。どんどん笑顔になってください。

第3章　経験の貯金箱

1　点と点が繋がると、線ではなく球だった

あれもこれもやることで、思いがけない展開が

サッカー、野球、卓球、吹奏楽、勉強、趣味……1つのことに長く打ち込み続けることは、素晴らしいことです。

しかし、打ち込み続けられることに、まだ出会っていない子もいます。実際、そういう子どものほうが多いでしょう。私は、「それもいい！」と思っています。

我が家の末っ子（当時10歳、小学校5年生）は、あちこちに興味があり、1つのことに集中することはありませんでした。しかし、そのお陰で色んなことを楽しんでいます。

1つ目の特技は、スライムづくり。

大好き過ぎてたくさんつくっていると、ある日お友達から「つくり方を教えて欲しい」と言われました。そこで、「スライムづくりのワークショップ」をすることとなりました。

実際に開催してみると、多くの学びがありました。人前で話す練習にもなりましたし、集客の方法も見につけられました。また、広告宣伝のチラシのつくり方、それから、人にわかりやすく教える、伝える技術を磨くことまで、とても成長しました。その結果、大成功し、大盛況でした。

2つ目の特技は、動画編集です。

動画を何本も撮っているうちに、趣味の延長線上でTikTokを使って発信をするようになりました。すると、ある企業の社員講習に、動画編集の講師として呼ばれることになったのです。10歳の子を呼んでくれる企業様に感謝しつつ、誇りに思いました。

このときに役に立ったのが、スライムづくりのワークショップのときにできた、「人に教える」という経験です。そしてこちらも大成功し、またお金を得ることもできました。

３つ目の特技は、歌を歌うことです。ボイストレーニングに通い、楽しんでいます。そこからステージに呼ばれ、ギターやドラムの生演奏と一緒に、歌うこととなりました。ここでは、スライムづくりや動画編集講座での「人前に立つ」という経験が、役に立ちました。

３つの特技は、それぞれ全く別のことです。しかし、３つのことを楽しむことにより、それぞれの学びや経験がよい影響を与え合い、相乗効果を生み出しました。

隠れた可能性を確実に見つけるために

あれもこれも、いろいろやってみる。例えそれが失敗したとしても、それも経験です。１点集中して何かを成し遂げることも素晴らしいですが、子どもが興味を持つことや得意なことは、１つに絞らずどんどんやらせて、可能性を膨らませましょう。

以前、何かのコマーシャルで「何でも野郎になってやろう！」というフレーズがありました。一度の人生、色んなことにチャレンジして、楽しみたいものです。

私達が子どものころは、選べる部活は、たった1つだけでした。剣道なら剣道。水泳なら水泳。私は、アメリカの学校のように色んな部活に入って、挑戦できる幅を広げ、子ども達に様々な学びを得てもらいたいなと思います。

可能性は無限です。もしも2つの部活に入っていたら、何気なく入ったバレー部では芽が出なくても、もう1つの部活である陸上部で、国体に出られる選手になった！　なんてこともあるかもしれません。子どもには色んな可能性を見出してあげたいですね。

大人もそうです。臼井由妃先生の『やりたいことを全部やる！』シリーズの書籍が売れているのも、人はいろんなことにチャレンジしたいという本心の表れかもしれません。

2　経験が加速する必殺技

子のために頑張ることが、遅延の原因となることも

子ども達からの、「私、歌手になりたい！」、「僕、ドラマーになりたい！」、「東大に行きたい！」といった自発的な声は、とても嬉しいものです。

子どもが目をキラキラ輝かせて、私の目をじっと見つめながら、夢や希望を話すのは、本当に嬉

しいことです。この子の話に耳を傾け、明るい未来を想像する。まさに、至福の時間です。

しかし、その嬉しさのあまり、お母さんが頑張り過ぎてしまってはいませんか？

以前の私が、そうでした。子どもが東大を目指したいと言えば、まずは私が学びます。ネットで国立大学についてのあれこれや、東大の難易度を調べます。書店へ行き、勉強法の本や問題集を買い、先回りして勉強して教え方を考え、「私がこの夢を叶えてあげよう！」と、必死になっていました。

ただし、このやり方は、遠回りです。お母さんが教えるなら、お母さんを超えることはありません。それに加えて子ども達も、相手がお母さんだからと「甘え」が出ます。

また親であるからこそ、教える際に感情が混ざり、子どもがうまくいかないときには、「あなたが、やる気がないからでしょ！」なんて言ってしまった日には……。ストレスがたまりますね。どこまでもとことん疲弊します。そこで、このままではいけないと思った私は、ある技を見出しました。

大事なのは「誰が話したか」

私が見出した必殺技！　それは、「プロに繋ぐ」です。

東大へ行きたいなら、実際に東大へ行っている大学生を紹介してもらう、東大進学実績のある塾へ通わせる。ドラマーになりたいなら、音楽教室に通わせる。歌手になりたいなら、ボイストレーナーにお任せする。

プロは、その道の実績はもちろん、実際に「プロという場所にたどり着いた」という経験を持っています。自身が失敗を乗り越えた経験も、あらゆる生徒が「どのように上達したのか」も知っています。

壁にぶつかったときの本人の感情を本当に理解できるのは、その経験を乗り越えた人だけです。子どもも、そのような人の話は素直に聴きます。

何を話したかではなく、誰が話したかも重要なのです。

近所に住む見ず知らずの人に「才能を私物化してはならない」、「仕事をとことん好きになれ」「運命を変えるのは自分の心」と言われても響かないのに、松下幸之助氏や稲盛和夫氏に言われたら、響きまくります。同じ言葉でも重みが違ってくるのです。

プロを信じ、プロに任せる。そして、お金をお支払いします。あとは、余計な口出しはしません。もちろん金銭的な問題も発生しますので、何でもかんでもお金を支払い、プロに任せようというわけではありません。私も金銭的に苦しいときは、「子どもにこれを教えることになると、何時間かかるかな」と考えながら、その時間分をパートを行うことでお金を捻出し、そのお金でプロに繋ぎました。こうして、子ども達がみるみる伸びていく姿を、喜んで見守るようになりました。

子ども自身も、自分の夢を達成している人から学べるということに、目を輝かせていました。

お母さんがやるのは、「プロ探し」まで。

この必殺技を使い、子ども達が伸びる姿を楽しみましょう。

３　突拍子もない子どもの言うことに、投資する

否定しないことで、大チャンスがやってくる

我が子が突然、「明日ディズニーランドへ行きたい！」なんて言い出したら、あなたならどうしますか？

私達の住まいは、広島です。ディズニーランドに日帰りで行ける距離ならまだしも、この距離では、現実的に考えて「無理」としか答えられないように思えます。

しかし、私はここで「無理」とは言いません。なぜならこのように否定から入ってしまうと、子どももふだんから否定的な考えを持つようになり、挑戦せずに諦めてしまう癖がついてしまうからです。

大人も同じです。否定的な人は、会議や打ち合わせの場で、「そんなの無理！」というマイナス言葉を多用します。管理職やリーダーがそのような言葉を使ってしまうと、話はそこでストップし、アイディアも浮かばなくなります。

例えば、「この仕事を受注したい！」と部下が提案したときに、上司が「お金も人材もないから無理！」と言ってしまうと話が終わってしまいます。

しかしもしここで上司が否定しなければ、「銀行からお金を借りられないか？」、「クラウドファ

ンディングで集められないか？」、「バイトを雇えないか？」、「人材派遣会社からこのプロジェクトのときだけ採用できないか？　同業他社から一時的に人材を借りられないか？」等と、様々なアイデアが浮かぶのです。

そして、この否定しないで聴く、無理と一刀両断にしないことこそが、「子どもの可能性を伸ばすチャンス」なのです。

どこまでも進む方法を見つける、子どもの可能性

言い出したのは、子どもです。この言い出した瞬間が一番、ワクワクしてやる気に満ち溢れています。

そのやる気に乗っかって、「では、どうやったら行けるのか調べてね」と、提案してみましょう。新幹線なら、どれくらいの時間がかかるのか。始発で何時に着き、帰りは何時に出ないと行けないのか。始発で間に合わないなら、夜行バスなど他の方法はあるのか。その結果、実質ディズニーランドの滞在時間はどれくらいになるのか。お金はいくらかかるのか。そのお金をどう捻出するか……。これはどうか、あれはどうか、こうしたらできるのではないか……自分の頭で考えるようになります。

結局、「明日ディズニーランドへ行きたい！」という思いがあったのですが、日帰りだとディズニーランドでの滞在時間があまりにも短くなることに気がつき、改めて夏休みに行くという答えを導き

出しました。しっかりとそれまでにお金を貯める計画も、つくりました。

「明日ディズニーランドへ行きたい！」、「そんなの無理！」、そんな言葉で片づけるのは簡単です。しかし、子どもにチャンスを与えることで、子ども自らが考え、明日は行けても遊び時間が少ないのでもったいないということに気づき、夏休みなら行けるという新たな答えを導き出すことができるのです。

他にも、「ゴールデンウイークなら行ける」「ディズニーランドは日帰りでは無理だけど、ユニバーサル・スタジオ・ジャパンなら行ける」「東京まではけっこうな出費でお小遣いだけでは無理だと思っていたけれど、深夜バスなら行ける」等、無理という言葉を外したら、様々な解決策を見つけ出すことができるのです。

私達は約束通り、夏休みに改めて時間を設けて東京へ行き、あちらでの滞在もしっかりとしました。

シンデレラ城をみたときの子ども達の目の輝き。ミッキーやドナルドと写真を撮り、アトラクションに並んでいるときのウキウキ顔。スプラッシュ・マウンテンで絶叫しながらの笑顔！　もう子ども達の喜ぶ顔を見ているだけで、私自身が子ども達以上に楽しい気分。おかげでとても幸せな時間を過ごすことができました。

ここで1点だけ、私が気をつけていることがあります。それは、「せっかく東京まで行くのだから、ついでに私の行きたい場所にも行こう」とは、絶対にしないことです。

これをやってしまう方は、多いでしょう。滞在を伸ばして、表参道や銀座に寄り道、やりたくなる気持ちもわかります。

しかし、子ども達が自ら調べて立てた計画に、「親のついで」をつけ足してしまうと、「なんだ、お母さんも行きたかったんじゃん」と子どもは思ってしまいます。

これでは、効果は半減です。今回の旅行では、「子どもが調べ、子どもが立てた計画。それを実行した」という価値を100パーセント活かすことが最重要なのです。

「私が調べ、計画をしっかり立てたから、行くことができた」、「よい計画をプレゼンすれば、叶えてもらえた」、この達成感が、子ども達を大きく成長させます。

子ども達が得られる経験値と価値を優先しましょう。

4　あなたは主人公ではない！

どんなあなたも、主人公になれる！

子どもの人生の主人公は、もちろん子どもです。親はわき役。親は、「安全基地となって子どものことを見守る」だけ。そうは言っても、安全なレールを敷いてあげて、よりよい将来へ導いてあげたいのが親心です。

しかし、子どもが病気になったとき、もしくは何かトラブルに巻き込まれたとき、痛みや辛さを共有はできても、本人に代わってあげることはできません。

子どもの人生の主人公は、子どもです。そして、親は自分自身の人生の主人公になりましょう。会社で一般社員だから、パートだから、学校で意見も言えないような性格だから、どれも全く関係ありません。どんな人も全員、自分の人生の主人公です。

特に世の多くのお母さん達は、夫のため、子どものためと自分の人生を後回しにしがち。自分のことは二の次で、家族の応援、サポートをしています。しかし私は、今までやってきた「家族の応援」は、よくないこともあるということに気がつきました。

家族の応援の本当の力

私が、出版オーディションに挑戦したときのことです。出版オーディションとは、出版社の前で企画書をプレゼンして、よい企画なら出版編集者が打ち合わせの場を設けるという、出版を目指す人達にとっては、チャンスに溢れた大会です。

当時の私にとって、出版は夢のまた夢。そんな大きな目標に向かって一歩踏み出した私は、毎日プレッシャーに押しつぶされそうになっていました。

そんな私を、家族は応援してくれます。予選を通過し、プレゼンをする機会を得た私は、自宅で繰り返し、プレゼンの練習をしていました。その練習の間、夫は私の横に座り、間の取り方や抑揚などアドバイスをしてくれていました。今思えば、この優しい対応に感謝の気持ちでいっぱいですが、当時はそれすらも重く感じてしまいました。

また、次女が何気なく、「出版オーディションの先は、何がしたいの?」と聞いてきたときも、神経が尖っており、気を悪くしてしまいました。

今思えば、彼女は私を応援しようと、私の活動に興味を持ち質問してくれたのだなと嬉しく思います。だけど当時の私が、「もう今すでにこんなに大変なのに、先のことなんて聞いて、よりプレッシャーを与えるのはやめて!」と思ってしまいました。応援さえも応援に感じられない、今思い返すと、自分が自分ではないようです。

このように、難しいことに挑戦しているときほど、周りの応援がかえって負担になることがあります。このときのことを思い出すたびに、「応援が過度なプレッシャーを生み、本人にとってよくない場合もあるな」と、しみじみ感じています。

ただし、もう1つ気が付いたことがあります。

大阪での出版オーディション当日。緊張が絶頂に達していた私は、心の中で「広島にいる家族についてきて欲しい」と、思ったのです。練習中はあんなに重く感じていたのにと、真逆の感情に驚きました。やはり、家族の存在は大きいのです。私にとって、何よりの支えとなっていました。私はこの経験を通して、「信じて見守る」ということが重要なことだと、改めて感じました。

まずはお母さんが自分の人生を生き、家族もそれぞれが自分の人生を生きる。そして互いが信じ合い、見守る。全員が一番力を発揮できる環境を、整えましょう。

子ども7人の母がのびのびしている理由

私の友人で、ライターで講演家、そしてなんとフランスに住みながら7人の子どもの母親である、ガステ美智子さんの話です。

子どもが７人。しかも上は16歳から下は3歳。その中に双子や年子もいるという子育てだと聞いて、「きっと髪を振り乱し、ぼろぼろぐちゃぐちゃになりながら、必死な日々を送っているのだろう」と想像するのは、私だけではないはずです。

しかし実際の彼女は、とても楽しそう。髪は振り乱すどころが、きれいなブロンドカラーでしかも手入れが大変そうなロングヘアーをさらさらとなびかせています。

目の下にクマをつくることもなく、可愛いワンピースを着ている彼女。そんな彼女に、「どうして子どもが7人もいるのに、そんな風にいられるの？」と尋ねました。すると彼女は、こう答えるのです。

「私は子どものためには生きていないの。私が子どものために生きれば、子ども達も人のために犠牲になる生き方がよいのだと学んでしまう。だから、私は私の人生を楽しむ姿を見せる。そして子ども達も、自分達の人生を楽しみながら進んでいる。そして家族である私達は、お互いの人生が輝いているのを、喜び合っているのよ」

家族全員それぞれが、自分の人生の主人公であるという生き方。彼女の活躍と、お子さん達それぞれの活躍を見る度に、主人公の集まり＝家族っていいなと思います。

第3章のまとめ

「可愛い子には、旅をさせよ」という言葉があります。だけど実際には、我が子の安全、そして将来を守りたいのが、親心ですね。

だけど、親が助けすぎず、やりすぎないことによって、子どもが経験を積む機会は増え、可能性はどんどん広がっていきます。これには、親自身にも大きな勇気が要りますね。

ここでそんな皆さんに、私がお伝えしたいことがあります。

みなさん！　我が子を信じましょう！

大丈夫です。あなたのお子さんは、あれもこれもできる力を、しっかり備えています。

いつでも帰ってくる場所がある。ほっと一息つける場所がある。子ども達には安心感を与えながら、親は子ども達の経験と成長を、嬉しく楽しみに見守っていきましょう。

第4章　お金の貯金箱

1　用途別貯金箱って何？　貯金するだけじゃダメなの？

アメリカ生まれ、とっておきの貯金箱

あなたの家庭では、どのように「お金に関する教育」をしていますか？　ここで1つ、私が実際に使用している、お金に関する教育に大活躍中のグッズをご紹介します。

アメリカ生まれの、「ピギーちゃん貯金箱」を知っていますか？

貯金箱本体は、みなさんおなじみの豚さん型。スケルトン（透明）になっており、どれだけ貯まったか、中身が見えるようになっています。ここで気になる方はぜひ、ネットで画像検索してみてください。たくさんの種類のピギーちゃん貯金箱を見ることができます。

そしてここで最も重要な特徴があります。それは、貯金箱の入り口が4つあり、自分の目的に応じて4種類の貯金をすることができることです。

貯金、それぞれの目的

ここからは、ピギーちゃん貯金箱が備える「貯金をする4つの目的」を順番にご紹介します。

①「貯金のため」。

お金を貯めるのが目的、つまり貯金ですが、その際には、何か貯める理由がある場合も多いでしょ

う。しかし、この1つ目の貯金スペースは、「そうではない」貯金をするための場所です。目的は、「貯金をすること」です。つまり、純粋に「貯金をすることが目的」な場合には、こちらにお金を入れましょう。

②使うため。

お店で見かけた、カッコいいギターが欲しい。お母さんのお誕生日プレゼントを買うためのお金が必要。旅行に行きたい。欲しいもの、やりたいことを「達成したい目標」に定めて貯金をするのが、このスペースです。

このように、何か目的があって貯金をする場合は、こちらにお金を入れましょう。

③寄付をするため。

日本は欧米に比べて、寄付の文化があまり根付いていないように思います。それでも近年はSNSの普及により、地震で大きな被害に遭われた地域への寄付や、難病に苦しむ方への寄付に関する情報が入りやすくなりました。そのおかげで寄付に関して考える機会も、以前より増したのではないでしょうか。子ども達と、「寄付」に関して話をする、いいきっかけにもなるでしょう。自分のために「使うため」の貯金の十分の一など、決まった額をこの貯金口に入れたり、願い事をするときに100円入れるなど、楽しみながら利用するのもいいでしょう。

200万部を超える大ベストセラー、女優の水川あさみさんや、俳優の小栗旬さん主演でドラマ化もされた『夢をかなえるゾウ1』水野敬也著（文響社刊）。

主人公が目を覚ますと、目の前にはゾウの恰好をしたガネーシャという名前の神様が現れ、主人公に次々と課題を出します。弱気な主人公が、関西弁でベラベラと話すガネーシャの教えをもとに、成長していく物語です。

今日の課題と題して、「靴を磨く」、「食事を腹八分に抑える」、「トイレ掃除をする」、「その日頑張った自分をホメる」、「毎朝、全身鏡を見て身なりを整える」など、人生が変わりそうな課題を行っていくのですが、その1つに「コンビニでお釣りを募金する」という課題があります。なんだか恥ずかしいようなこそばゆい感じがする主人公でしたが、ガネーシャは募金することの意味について、スタンダード・オイル社の創始者ジョン・ロックフェラーを引き合いにだし、「ええか？　お金いうんはな、人を喜ばせて、幸せにした分だけもらうもんや。世の中の人を喜ばせたいっちゅう気持ちを、素直に大きくしていくことが大事やねん。そやから寄付すんねん」と言っています。

世の中の人を喜ばせることが自分の幸せにも繋がるなら、こんな素敵なことはないですよね。

④投資のため。

投資をするのか、しないのか、それは子ども達の自由です。そして投資は、お金の使い道の大きな1つです。我が家の次男は、この貯金箱をきっかけに投資に興味を持ち始め、投資の勉強を始めました。投資をするためのお金は、こちらに入れましょう。

ただお金が余ったから貯金しよう、親に無駄遣いしないように言われたから貯金しよう、正月におじいちゃん、おばあちゃん、親戚にお年玉をもらったから貯金しようというのではなく、目的別に貯金をしていくことが、とても大切です。
次に、それがどのように大切なのか、詳しく説明します。

2　貯金が子どもをダメにする

貯金の目的を明確にすることで、人生はより楽しめる

私は、ただ貯金をすることがよいとは思っていません。貯金ができずに金銭的に苦しい人と、貯金はできているけれど浪費している人は、ほぼ同じだと考えています。貯金をするのはよいことですが、「何のために貯金をするのか」がはっきりしていないと、子どもをダメにしてしまうことさえあるのです。そのため私は、「貯金はしてもしなくてもいい」とも考えています。

なぜなら、することからも、しないことからも、学びがあるからです。我が家の子ども達の場合、この目的別貯金によって、それぞれが個性豊かに学びを深めています。

まずは、現在24歳になる長女の場合です。長女は普段から、なかなかの倹約家です。日常のルーティーンの中で必要なこと以外に、お金を使うことはありません。彼女なりのリズムで、堅実な暮らしを送っています。

そんな彼女はこの目的別貯金により、定期的に「人生の楽しみ」もしっかり実行中。彼女の楽しみは、「旅行」です。目的別貯金の「使うため」のスペースを、最大限に活用しています。

お金を貯める間や、計画を立てるときのワクワク、実際に旅行へ行ったときの達成感。我が家で一番貯金の醍醐味を味わっているのは、彼女かもしれません。

次に、20歳の次男の場合です。彼は、この目的別貯金箱「ピギーちゃん貯金箱」に出会った日から、「投資」に興味を持ち始めました。しかし、彼がこの貯金箱を手にしたときは、まだ高校生。日本では、高校生が投資できる先はありません。

そこで彼はまずは「自己投資」として、あらゆる学びを得られるオンラインサロンやセミナーに参加することを決め、「投資」のための貯金を、その支払いに充てることにしました。

現在は高校を中退し、本格的な投資にも参加できるようになった今、投資についての情報収集を続けながら挑戦中です。

欲望のまま失敗して、貯金ゼロでもOK

次に、17歳の三男の場合です。彼は、まだピギーちゃん貯金箱への興味を示していません。手に取るか取らないかは、彼次第。

彼がやりたいと思ったときに、始めればいいのです。現在の彼は、お小遣いから好きなものを購入し、時には、「これはやっぱり無駄だったなぁ」と後悔をする日々。これも、大切な学びです。

私は常々、「親がいるうちに、失敗をしておくべき」と考えています。大人になってから失敗をしていては、生活に支障が出ます。そのため、子どもの失敗は喜んで見守ります。

最後に、11歳の末っ子次女の場合です。やりたいことが、頭の中にたくさんあるお年頃。そんな彼女にとって、目的別貯金箱で「お金の量」がはっきりと見えることは、とても重宝しています。「全部はできないから、どれをしようか」と、目的を選ぶこと。それに続いて、「そのために必要なお金はいくらで、どれくらいの期間で貯まるのか」を学んでいます。

彼女は現在、「推し活」を満喫中。「推し活」とは、自分のイチオシを応援する活動をいいます。由来は、熱狂的なアイドルファンが自分の好きなアイドルを「推し」と呼んだことが、推し活の始まりのようです。彼女は、今まで毎日1つは購入していた大好きなお菓子をやめ、推し活代に充てることにしました。彼女の選択と行動に、大きな成長を感じます。

3　お小遣いの1割は、ママに投資

人生に必要なもの、それは余白

ピギーちゃん貯金箱による「目的別貯金」。

我が家の子ども達は、この貯金箱から多くのことを学び、日々成長しています。しかし私はここで、この貯金箱の他にもう1つのスペースを設けています。

それは、「お小遣いの1割は、ママに投資」です。投資というと、預けたお金が増えるというイメージを持ちますが、残念ながら私自身にそれに必要な計算力はありません。そのため、預けてもらっても増えることはありません。利子の付かない無利子の預け先です。しかし、この1割を預けておくことによって子ども達が学ぶことができる、大切なことがあります。

私が子ども達に学んで欲しい「お金の教育」は、「使う」、「貯める」、そして、「余白」です。人生にも、余白は大切ではありませんか？　余白が役立つときは、たくさんあります。目的別貯金で子ども達は、「何のための貯金か」を明確にすることを学びました。だけど時には、予期しなかった「思いつき」もやってきます。

今まで考えもしなかったけれど、このふと浮かんだアイデアを今すぐ実行したい。そんなときに、「そういえば、ここにお金があった」と活用できるのが、「余白」にあるお金です。余白は、人生を豊かにし、可能性を伸ばしてくれます。

理由、目的は関係ありません

例えば、こんなことがありました。我が家の次男は、海外留学を計画中です。そのための情報収集を毎日のように行っています。そんな彼があるとき、「現地にいる、実際に海外留学中の日本人に直接話を聞きに行きたい」と思い立ちました。

しかし、この計画、今から旅行費用を貯めていては、留学時期を逃してしまいます。それにこの留学中の日本人も、留学期間を終えて別のところへ行ってしまうかもしれません。

そこですぐに行動に移せるよう、彼はこの私に預け続けていた余白のお金を使って、海外行きのチケットを購入しました。

私は、「１割投資」のお金に関しては、子ども達から要請があれば、理由に関係なく渡すようにしています。なぜならこのお金は、貯金ではなく「余白」だからです。

例え、使用目的がとんだ無駄遣いであっても干渉しません。余白は、「ないもの」として認識しています。このように日々の暮らし、気持ち、そしてもちろんお金に関して、「１割の余白」を持つ習慣を身に着けてもらいましょう。

そうすることによって、子ども達に余裕が生まれ、新たな可能性の芽を摘み取らずに、伸ばすことができます。

そしてもちろん、失敗も無駄遣いもＯＫです！

４　料理を振る舞うより、材料を渡せ！

子どもの喜ぶ顔よりも大きな喜びとは

20代のころ、友人に誘われて行った講演で、講師がこのような話をしていました。「発展途上国の方々に米を送るのではなくコメのつくり方を教えよ、魚を送るのではなく、魚の釣り方を教えよ！」

食料を送ることが第一だと思っていた当時の私にとっては、衝撃でした。この話が強く印象に残り続け、現在の私は子どもの教育にも取り入れています。

本来なら、子ども達の喜ぶ顔が見たい。そのためには、親はできる限りのことをしてあげたい。子ども達が食べたいものをテーブルに並べる。テーブルについた子ども達の嬉しそうな顔を見るのは、言葉では表しきれない喜びでしょう。

しかし、私はもう1つの喜びのほうを選びます。それは、子どもが自分でその「望む状況」を手にする、またはつくり上げる姿を見る喜びです。

子どもが何か目的を達成するためにお金が欲しいとき、私は、理由を聞いてもただ渡すということはしません。その目的を達成するためのお金は、自分でつくればいいのです。

例え子どもであっても、それは可能です。親がすべきことは、そのための方法をアドバイスすること。そこから考えるのは、本人、もちろん実行するのも本人です。

我が子が得た、最高の思い出と経験とお金

我が家の末っ子である次女は、動画編集を自ら極めています。そのためには、時にはアプリに課金することも必要ですし、スマホやタブレットだけではなく、そこに使用する公式アクセサリーを使うこともあります。このように、次々と自分のプロジェクトを発展させていくためにお金を必要とする次女に、私はこう助言しました。

「スライムづくりのワークショップを開催してみたら、いいんじゃない?」

次女は、スライムづくりが得意です。材料やつくり方を工夫し、彼女ならではの「極上スライム」をつくることができます。そこでワークショップを開催することになった彼女は、順番に計画を立てていきます。日にちはいつか。会場はどこにするか。値段は1人いくらか。生徒は何人の規模で、開催するのか。材料費はいくらかかるのか。また、こんな疑問も出てきました。

「それぞれ個人でスライムをつくるのか。それとも、会場に集まったみんなで一緒に、1つの大きなスライムをつくるのか」

彼女は、全員で1つの大きなスライムをつくることを選びました。

「小さなスライムなら1人でもできるけれど、みんなでつくる大きなスライムは、この機会にしかできないから」。彼女はこれによりまた大きく成長し、そしてお金を得ることもできました。

このように、子ども達にはそれぞれ、お金を稼げるポイントがあります。とは言っても、うちの子には難しいと思っている方も多いかもしれません。そこで、私が子どもに「お金を自分で稼ぐためにに助言する際の心得」を、お話しします。

5　強みから生み出す、お金を探せ！

高校生の趣味から、お金を生み出せる理由

次男が高校に在籍していれば、3年生だった歳に私が助言したときの話です。

当時の次男は、高校を中退した後に参加したいプロジェクトがありました。そのためには参加費用が必要で、お金をどうしようかと考えていました。

私は、次男にこう言いました。「コーヒーの淹れ方のワークショップをしてみたら？」

これを聞いて、「本当に大丈夫なの？」と思われる方もいるかもしれません。

確かにコーヒーの淹れ方なら、その道の専門家がいくらでもいますし、免許もあります。世界に飛び立って学んでこられた方もいるでしょう。そんな中で、一高校生がコーヒーの淹れ方のワークショップをやったところで、「価値があるのか？」とも言う意見は一理あります。

しかし実際、この次男のコーヒーの淹れ方のワークショップは、大成功しました。彼は、毎朝の1杯のコーヒーの時間を、とても大切にしています。豆はどのように選ぶのか、どれくらいの量を使うのか。お湯の温度はどれくらいで、どのタイミングでどう入れるのか。それらはもちろん、彼が色んなパターンを繰り返したうえで発見した、彼ならではのレシピです。

それから彼は、コーヒーを淹れる時間を「精神統一の時間」だと考えています。それにより、コーヒーを淹れる間は、瞑想に近い状態を体験できるのです。これを毎朝行うことの大切さ、1日のスタートがどう変わり、どのような影響を与えるのか、彼独自の視点で伝えることができます。

このように、「コーヒーの淹れ方のワークショップ」と言っても、中身はすべて違います。そしてどれもが、その人にしかできないものです。

また彼の場合は、この「若さ」が活きるというのも、大きなポイントでしょう。

60代の経営者が、20代のコンサルタントを雇って意見を求めるというのは、よく聞きます。自分にない視点、若いからこその勢いは、大変価値の高いものです。

名前や肩書よりも、価値があるもの

また普通が普通でなくなることもあります。例えば、田舎にある高校のバスケットチームの試合。お互い無名の高校ならYouTubeで配信しても、観るのは関係者ぐらいでしょう。「山田高校が立花高校に勝利！」というタイトルだと埋もれてしまいます。

しかし、これが何百万回再生になるときがあります。それは「残り０・８秒で奇跡の大逆転、ブザービーター終了間際のスリーポイントシュート」だったら、一気に視聴回数が伸びます。プロのバスケットの試合ではなくても、観てもらえる。高校野球の地区大会の動画でも「９回裏ツーアウト０対15から、ホームラン７本での大逆転劇」なら観てしまうのです。

有名な喫茶店のコーヒーの淹れ方ではなくても、そこにストーリーがあれば、高校生である次男のコーヒーにも注目は集まるのです。

この世の中に存在する講座は、どれも求められているものが違います。

誰もが、「完全な世界一のレベルのもの」を求めているわけでは、ありません。「今の時点での自分のレベルにあった講座」、または「完全ではないからこそわかり合える講師」を求めることもあります。お子さんの中に、「特技はあるけれど、お金を得るではないから」と、活かさないままにされていることはありませんか？　どんなことも視点を変えれば、お金を稼げる材料となります。

お子さんと一緒に、探してみてください。

第4章のまとめ

お金は、そうホイホイと道端には落ちていません。手にするためには、大変な工夫が必要です。そのためには、時間、労力、能力、体力、多くの力と条件が必要となります。

お金とは、それだけ価値の高いもの。価値の高いものだからこそ、子ども達に多くの学びを与えてくれます。

日本人は、お金にネガティブなイメージを持つ人が多いように感じます。確かに、お金で人生をダメにする人、お金で人を裏切る人など、マイナスなことが起きる原因となるのも、お金です。

ですが、お金はネガティブなだけではありません。

お金は、人生に喜びを与えます。目標になり、経験を積ませてくれます。夢を与え、叶えさせてくれます。

子ども達と一緒に、お金と向き合ってみませんか？　お金は、子ども達の可能性をより広げる、最高の手伝いをしてくれるでしょう。

第5章　幸せの貯金箱

1　幸福度ワースト2位‼　日本の子ども達

守られた環境で不幸と感じる子ども達

２０２２年、ユニセフ・イノチェンティ研究所により、先進国38か国を対象にした「子どもの幸福度調査」が行われました。

この調査の中心は、「身体的幸福度」と「精神的幸福度」です。身体的幸福度は、乳幼児死亡率や、肥満率で測定され、精神的幸福度は、生活満足度の高い子どもの割合や、自殺率から測定されました。

あなたはこの調査で、日本がどのような結果になったと思いますか?

なんと、「身体的幸福度」では、結果が1位だったのに対し、「精神的幸福度」ではワースト2位だったのです。こんなにも2つの結果がかけ離れている国は、他にありません。この結果は私達に、どのようなメッセージを投げかけているのでしょう。

安全で、生きる上での必要なものに困ることはない環境で守られているのに、「幸せ!」、「満足!」と感じられない子ども達。

ここで変えるべきなのは、環境ではありません。心です。心の中を変え、幸せを感じるために、私が実際に子ども達と行っているワークを、ご紹介します。

1冊のノートで、私達は幸せになれる

ノートを1冊、用意してください。できれば、気分を高揚させるために、お気に入りの色だとよりよいです。

そこに、「今、幸せだと感じること」を書き出してみてください。いくつでもいいです。日付を記載し、その日に「幸せだな」と感じたことを書き残していきます。

・子どもの誕生日パーティーをした
・職場で昇進した
・動物園に行った
・子どもがテストで学年1位をとった　……。

これを続けていくと、回数を重ねるごとに「幸せだ」と感じる機会が増えていきます。

・家族と一緒にいられる幸せ　・ゆっくり眠れた幸せ　・信号がタイミングよく青になってくれた幸せ　・今日は晴れてくれた幸せ　・呼吸ができている幸せ

これまでに気づいていなかった幸せを、たくさん見つけることができるようになります。

最初は、1つも書けない方もおられるかもしれません。しかし、それでよいのです。「幸せって何があったんだっけ？」と思った瞬間に、「幸せ探しのアンテナ」が立ちます。

自身が妊娠をしたときに、急に街中の妊婦さんが目につくようになった経験は、ありませんか？

ベビーカーを押して歩くお母さん、子どもの泣き声、若いママとパパが子どもを真ん中にして手を

つないで歩く姿。

この街が急に子育てキャンペーンをやり出したわけでも、「赤ちゃんの街」に認定されたわけでもありません。妊娠したことによって、あなたの観える世界が変わったのです。

それと同じで、「幸せなことあるかな」というアンテナを立てると、あなたは幸せをどんどん見つけていくことができます。

ぜひ、1冊のノートを開くところから、始めてみてください。世界ワースト2位の国に生きる私達も、たくさんの幸せを見つけることができるようになります。

2 幸せのカゴは、どんなカゴ？ ①

カゴの違いが、子どもの幸せを左右する

同じ出来事を味わっても、どれくらい幸せを感じられるかは人それぞれです。

胸の中に、幸せのカゴがあると想像してください。そのカゴがどんなカゴかによって、幸せの感じ方が変わります。

大きなカゴか小さなカゴか、丁寧に編まれた隙間のないカゴか、ザルのように穴だらけのカゴか。

小さなカゴなら些細な出来事でもすぐに満タンになり、幸せを感じることができます。しかし反対に大きなカゴの場合、いくら嬉しい事柄がやってきたとしても、満タンになることはなく、なか

なか幸せを感じることができません。

また、丁寧に編まれた隙間のないカゴなら、嬉しい出来事をしっかり受け止めることができます。しかし穴だらけのザルのようなカゴの場合、あらゆるよい出来事は穴から抜け落ちてしまい、いつまでも幸せを感じることができないでしょう。

子ども達の心の中にある、幸せのカゴ。生まれてきたときには、みんな差はありませんでした。大きさに差が出たり穴が開いたりしたのは、成長の過程によるものです。今からでも、大きいものは小さくし、そして穴の開いたものはその穴を塞ぎましょう。まずは大きなカゴを小さくする方法を、ご説明します。

日常生活のポイントを抑え、カゴを小さくする方法

例えば、兄弟で幸せのカゴの大きさが違う場合です。兄は大きく、弟は小さい。その場合、愛情を与える機会を兄のほうに多くしなければ、２人が同じように幸せになることはありません。この場合、カゴの大きさに合わせて、兄に多く与えても大丈夫です。

しかし、この兄が家を巣立った後はどうなるでしょう。今までは親が与えていた分を、自分で自分に与えなければいけなくなります。そのために必要なのが、「自分のご機嫌とり」です。

なかなか満たされない大きなカゴなので、たくさんのご機嫌取りができる方法を教えましょう。お気に入りのコップを購入し、そのコップを使ってジュースを飲む。これを、自分へのご褒美だ

と認識する。図書館で自分に合った本を見つけられたから、課題がよくできたと、自分で自分を褒める。

親が今までやってきた「幸せのカゴを満たすための行為」1つひとつを、自分でできるようにします。そしてこれにより、精神的自立を促すことができます。

大きなカゴの持ち主は、多くの嬉しい出来事が必要なため、自らつくり出す必要があります。そのためにもこのように、自分へのご褒美や、嬉しい出来事をつくり出す方法を、日ごろから伝えておきましょう。

これらを日々繰り返していれば、カゴはみるみる小さくなっていきます。

幸せをより気軽に多く感じられる、小さなカゴ。幸せのカゴを小さくするには、焦らず1つひとつ丁寧に取り組むことが、大切です。

3　幸せのカゴは、どんなカゴ？　②

穴が開いた原因は、どうしようもできない？

では次に、ザルのように穴の開いたカゴの穴のふさぎ方について、お話しします。

ザルのように穴が開いたカゴには、大きな穴と小さな穴が開いています。最初にあるきっかけで大きな穴が開き、それからは小さな穴が開き続けていくのです。ではこの大きな穴は、どのようなきっかけで開いてしまうのでしょう。実はそれは、「勘違い」である場合が多いのです。

例えば、こうです。子どもにとって「お母さんが、私の話を聞いてくれなかった」という思い出があり、その悲しみにより大きな穴が開きます。しかし実際は、お母さんは慌てて夕食の支度をしている最中で、子どもに無関心なのではなく、たまたまそのときに忙しかっただけでした。

しかし、子ども目線からの勘違いにより開いてしまった穴は、原因がそもそも勘違いであるため、穴が開いた理由に気づくことはできません。この大きな穴が開いている限り、どんな嬉しい出来事がやってきても、そのたびに小さな穴が開き続け、いつまでも幸せのカゴがいっぱいになることはありません。

私が長女の穴をふさいだ方法

私は実際に、長女の心の中の幸せのカゴに開いていた穴をふさぐ経験をしました。私が最初にやったのは、子ども達とディスカッションの機会を増やすことです。

「やりたいことは、当たり前にみんなあるのかな。そもそも、ないといけないものなのかな」食卓で子ども達に聞いてみると、子ども達から「私も、やりたいことはないよ。大人達が、やりたいことの答えをよい職業の名前で答えて欲しいとプレッシャーをかけるから、やりたいことが見つからなくなっているのではないかな」と感心な意見をもらいました。

他にも、「将来、お父さんとお母さんがタイに引っ越したらどうだろう？」と投げかけると、「収入が現地雇用になると、物価が違うから後々日本には帰ってくるのが難しくなるよね」と、話題が広がっていきました。

このようにディスカッションの機会が増えていくと、娘は変わり始めました。しかしその後、もしかするともう穴はふさがったのかなと思う雰囲気が続いたところで、大反抗という大きな爆弾を何度も落とされます。実はこれは、大きな穴に近づいてきたサインです。

期待してはショックを受ける日々を過ごしていると、ある日長女から相談を持ち掛けられます。「1人暮らしがしたい」この理由から、彼女の大きな穴である苦しみを、言葉で聞くことができました。

どうして1人暮らしがしたいのか。長女は、自立するために料理をしたいけれど、調味料の位置等もわからないし、キッチンをつかっていいのか気をつかうからだと言ってきました。

しかし、長女はバレンタインの日や、友達と公園に行くときのお弁当をつくるときなど、何も気にせずチョコやスコーンをつくったり、お弁当のおかずをつくっていたので、何か本当の理由があるのではないか？　と思いそのあたりを聞きました。

そのまま話を続けていき、私が、「私とパパが再婚してから、ずっと居場所がなかったの？」と尋ねた瞬間、大粒の涙で泣き始めました。

それに対して私が、「ごめんね！（小学校5年生から再婚）ずっとしんどかったね」と謝りました。

これは、長女が大学卒業後、大学院1年目になったときのことです。

こうして私達は深く話し合って最後の胸のつかえを出し、彼女は巣立っていきました。

それから私と長女は、とてもいい関係となりました。彼女は、自分自身のことを内観するようにもなりました。最近は、実家にもよく帰ってきてくれます。

「家に自分の居場所がないと感じる」これが彼女の真の原因。大きな穴でした。

大きな穴にたどり着くまでは、厳しい道のりが待っています。しかし、必ずたどり着くことはできます。子どもと自分自身を信じて、諦めないでください。

4　家族で円陣組んでハッピーホルモン放出！

幸せを感じるカギは、「一体感」

あなたは、こんな経験はありませんか？　またはこんな光景を見たことはありませんか？

あるレストランへ行き、突然明かりが消える。そこで流れるハッピーバースデーの音楽。ロウソクが立てられたケーキをスタッフが笑顔で運んできて、サプライズに大喜びのお客様が、「フーッ」とロウソクの小さな炎を消す。

「おめでとうございます！」

スタッフの声に合わせて、その場にいる他のお客さん達も揃って、一緒に拍手！

あなたはこのレストランを出た後、胸の中にほんわか温かいものを感じます。そして、「なんだかあそこ、いいレストランだったなぁ」と感じるのです。

このように、「一体感」を感じることで、幸せを感じることができます。これを、家庭内でも行いませんか？

家族で盛り上がる、「一体感」を感じるゲーム

我が家は、家族そろって一体感を感じる遊びを、たびたび行います。

例えば、バーベキューのとき。具材が焼けるまで待っている時間は、我が家のお楽しみタイムです。

夫が、お気に入りの音楽をかけます。私達は沖縄が大好きなので、沖縄出身のグループBEGINが演奏する「島人の宝」は、鉄板の曲です。

夫は、自分の足をギターに見立てて、エアギター。それをマネする子ども達は、体のあらゆる部分を使ってエアウクレレを始めます。そしてこの歌の最大のポイントは、掛け声です。「エイヤーサーサー！」を、家族で合わせるのは、欠かせません。

また、こんな遊びもします。レストランのテーブルについた際、料理が来るまでの時間も楽しいものです。

私達がよくやるのは、記憶力ゲーム。テーマを1つ決めて、行います。例えば、テーマが「国」

の場合。

１人目が「アメリカ」と言うと、２人目は「アメリカ」と言った後にまた別の国、例えば「フランス」と言います。すると３人目は、「アメリカ」「フランス」と、言った後に、自分が考えた国を言うのです。

こうして家族で順番に続けていき、誰が間違えずに最後まで勝ち残ることができるのか、毎回大盛り上がりです。このゲームには、特定の審判はいません。聞いている家族全員が審判団です。このゲームで感じる家族の一体感でも、大きな幸せを感じることができます。

せっかく家族で食事に行っても、料理が運ばれてくるまで全員が、スマホを見ていて顔をあげない。食事中でも左手に持ったスマホを離さない。

そんな光景を見ていると、家族全員で一緒に居られる時間も、リラックスして会話を楽しめるチャンスも、とても貴重なのになと残念に思います。

目の前にいる大切な人達との一体感を捨て、その向こうにいるＳＮＳの世界に身を置くのは勿体ないことです。

私は仕事でイベントを行う際も、イベントの最初と最後には必ず、全員で円陣を組むようにしています。円陣を組むと、雰囲気、空気がガラリと変わります。その場にいる全員が、家族になります。

あなたも、幸せの感じ方をより大きくするための「一体感」、ぜひ実行して感じてみてください。

5　ママからはじまる幸せのシャンパンタワー

忘れがちな、ママの幸せ

突然ですが、今から頭の中に、シャンパンタワーをイメージしてみてください。シャンパンタワーとは、シャンパングラスをピラミッド状に積み重ねて、上からシャンパンを注ぐセレモニーです。てっぺんからシャンパンが注がれ、一番上のグラスがいっぱいになり、またその下の段のグラスもいっぱいになっていく。こうして積まれた全グラスにまんべんなく、シャンパンが注がれていきます。

この注がれたシャンパンを、幸せだと考えてください。一番てっぺんから注がれる幸せは、ママの幸せです。ママが幸せになれば、シャンパンタワーのシャンパンのように、家族全員に幸せが注がれていきます。

あなたが体験しているようにママは、日々考えることが多いですよね。夫のため、子ども達のため、掃除、洗濯、子どもの送り迎え、学校の行事に役員……時間もお金も、自分よりも家族を優先してしまう機会も多いでしょう。

しかしそれにより、自身の気分転換の機会を失ったり、本当は欲しいものを買えなかったりしていませんか？　そうして溜まって行くストレスは、幸せのシャンパンタワーではなく、不幸のシャンパンタワーを引き起こしてしまうかもしれません。
ママが幸せになれば、家族みんなが幸せになっていきます。
ほんの少しの工夫で、ママもお金や時間を自分自身に使うことができます。

多忙な毎日にも、幸せな1時間はつくれる

例えば、洗濯機は必ず毎日回さなければいけないでしょうか？　ときには、２日に１回にしても大丈夫な日があるかもしれません。もしくは、１日回さなければ、次の日に２回分を回すという方法もあります。

毎日頭を悩ませていた夕食の献立も、月曜日は焼き魚、火曜日は生姜焼き、水曜日はスパゲティ……と決めておく。もちろん子どもが今日は何が食べたいとリクエストがあれば柔軟に。そうして金曜日は子ども達全員が大好きなカツカレーにするのもいいでしょう。

このようにしてできた１時間で、美容院へ行ってみませんか？　小さな子がいる場合は、託児所付きの美容院もあります。美容院へ行くと、そこで美容師さんと話をして、気持ちが軽くなるのを感じるでしょう。そして施術後の鏡の中の自分を見て、きれいになった喜びを味わうこともできます。普段の我慢続きの生活では味わえない、特別幸せな気分になるはずです。

そんな嬉しい気分の帰り道、「ちょっと子ども達にお土産で、アイスクリームでも買っていこうかな」という気持ちになったら、いかがでしょう。

このようにママが幸せになると、家族にも何か幸せなことをしてあげたくなるのです。こうして、てっぺんのグラスに注がれたママの幸せは、下に用意された子ども達のグラスにもどんどん注がれていきます。

我慢を重ねていると、知らず知らずのうちに子ども達に当たってしまっているかもしれません。何より、ママが笑っていなければ、子ども達も幸せを感じることはできません。シャンパンタワーのてっぺんにある、ママのグラスにヒビが入っていると、下にあるグラスに上手く注がれていきません。

時間とお金をつくる方法は、ちょっとしたことから見つけられます。

子どもを送迎していたのを、1人で行かせてみる。夕食づくりを、任せてみる。夕食の品数を1品減らす。たまには総菜を買ってくる。外出先でやっているガチャガチャをやめてみる。電気をこまめに消す。

日常の何気ないことを少しだけ変えて、家族の幸せのシャンパンタワーを始めてみませんか?

6 『幸せのカギ』の隠し場所は、意外にも!?

不幸は、自ら幸せに変えられる

「不幸せでいたい!」、「幸せになりたくない!」という人は、いないでしょう。

ただし、「幸せになりたい！」と思っている人は、要注意です。なぜなら、「幸せになりたい！」という状況が、ずっと続くことになるからです。

「幸せになりたい！」と思っている状況は、「今、幸せではない」ということを指します。過去の私が、そうでした。

私は、幸せは降ってくるものだと思い、ずっと待っていました。「誰かが幸せにしてくれる」と、信じていました。白馬の王子様がやってくるのは、多くの女子達の永遠の憧れです。

しかし白馬の王子様は、街中見渡してもどこにも走っていません。白馬の王子様が来ないなら、幸せはどのようにして手に入れられるのでしょう？

幸せになるための「幸せのカギ」。それは、実は自分自身の心の中にあるのです。

そうは言っても、現在幸せだと感じていないなら、「自分の中になんてないじゃないか！」と言いたくなるかもしれません。

しかし、実際にはあるのです。蓋をしていて見えていない状態になっているだけです。幸せのカギが隠されている箱の蓋を開けて、あなたの中にある多くの幸せを感じましょう。

「幸せは自分の中にある」と気づいた瞬間に、見える世界は変わります。今までなら「不幸」と捉えていたことにも、「幸せ」を感じられるようになります。

例えば、こうです。

子どもがうるさい　↓　子どもがいるから寂しくない

掃除が大変　↓　ゲーム感覚で片づけよう

姑が来て面倒　↓　帰ったら自分へのご褒美にケーキを買おう

いかがでしょう？　目の前のエスカレーターが壊れているとき、「階段で登るの面倒だな～ツイてない」と思うのか、「最近運動していないから丁度いい、階段を駆け上がろう！」と思うのか、どちらの想いを抱くのかは、あなた次第です。

それからもう1つ。お気に入りのケーキが売り切れている、そのときに、「せっかく来たのにツイてない」と思うのか、「今まで試したことのない、新たなケーキを試すチャンス！」と思うのかも、あなた次第なのです。

これは、物事が変わったわけでは、ありません。考え方により、あなたが幸せであるか不幸であるかが変わったのです。

こんな話もありました。欲しかったゲームソフトを買いに行ったのに在庫がなく、ショックな気持ちで家に向かっていたときのこと。途中でなんとなく寄ったリサイクルショップで、その欲しかったソフトが、半額で売られているのを、見つけます。最初に立ち寄ったお店で、欲しかったゲームソフトが店頭になかったときには不幸だと思っていたのに、そのお店に在庫がなかったお陰で、欲しかったゲームソフトが半額で手に入り大喜び。このように、不幸だと思っていたことも幸せ（幸運）なことに変わることがあるのです。

不幸アンテナを立てずに、次々に幸せを迎えよう

第５章「幸福度ワースト２位!!　日本の子ども達」でお話しした、「幸せアンテナ」を覚えていますか？　実はこの反対、「不幸アンテナ」も存在します。

自分は不幸だと認識した瞬間に「不幸アンテナ」が立ち、「私はどのように不幸なのか」、「不幸なことは起こっているか」と、探し始めます。

例えば、百貨店に勤めている人が、お店が忙しいときには「忙しくて死ぬ！　もう倒れる！」といい、暇なときには「どうしよう！　お店が潰れるかもしれない！　潰れたら次に転職先なんて見つからない！」と嘆いているとします。この場合、どちらにしても不幸のアンテナを立ててしまっていますね。

このように、不幸アンテナは不幸を探すだけでなく、自ら不幸をつくりだすことにも働きかけます。

こうして、どんどん不幸な人生まっしぐらな不幸アンテナを立てないためにも、自分の中にある「幸せ」に気がつくことが大切です。

さきほどの百貨店に勤める人の例の場合、「今日は忙しくて充実している！　時間がたつのもあっという間！」や「今日はお客様が少ない！　ゆっくりできる。新人の子の困りごととか聞いてみよう！」と考え、幸せのアンテナを立てればよいのです。

私はこれに気がついた瞬間から、それまでに起こっていた「不幸」が起こらなくなっていきまし

た。悪いことは起こらないし、いいことばかりが起こるようになっていったのです。当たり前ですよね。物事が変わったわけではなく、自分自身の心の中が変わっただけなのですから。

自分の中にある「幸せのカギ」は、今ある幸せに気づかせてくれるだけでなく、幸せをどんどん増やしてくれる、大切なカギなのです。このカギを使って開けたその先には、今までなら幸せだと感じなかったことまでもが、幸せとして待っていてくれます。

第5章のまとめ

第4章では、お金の話をしました。しかし、この第5章でお話しした「幸せ」は、お金で買うことができません。

これを逆にいえば、お金がなくても手に入るということです。

幸せは、お金を手に入れなくても、どこか遠くまで探しに行かなくても、既にみなさんの中にあります。

幸せは目に見えないので、手に入れようとしても最初は難しいかもしれません。だけど、目に見えない分、幸せは無限大にあるということでもあります。

あなたの中にある幸せを、あなたが自身の手で自ら最大限に感じ、またどんどん増やしていけることを、願っています。

第6章　感謝の貯金箱

1　どれだけ言っても言い過ぎない「ありがとう」

ありがとうの結晶

あなたは、このように考えたことはありますか。

人間の体の70％は水分でできています。この水分の中に、多くの結晶が存在していると想像してください。人は、「ありがとう」という言葉を聞くと、体内の水の中に、きれいな結晶が生まれます。「ありがとう」はまさに、言葉の結晶です。しかし反対に、「ばかやろう」、「お前には価値がない」などの言葉を聞くと、体内の水分中にある結晶は、壊れてしまいます。

私はこの話を実際に想像した瞬間、ある衝動に襲われました。それは、「家族に今すぐ、『ありがとう』が言いたい」という衝動です。

ありがとうの先にあったもの

私は思い立ってすぐに行動に移しました。その場で、家族1人ひとりに長い文章のメッセージを書き始めたのです。

子ども達への「生まれてきてくれて、ありがとう」から始まるメッセージ。子ども達の日常の些細なこと1つひとつに、「ありがとう」を並べていきます。そしてもちろん、夫にもたくさんの「ありがとう」を書きます。書けば書くほど、涙が止まりません。

私は号泣しながら書いた長文「ありがとう」を、1人ひとりに送りました。

それに対する返信は、それぞれ個性的でした。

「どうした⁉」と、戸惑いのメッセージをくれた子には、「何もないよ、ただ、ありがとうと言いたかっただけ」と返します。急に感謝のメッセージを送ったので、何か大変な事情があったのかと心配させたのかもしれません。

他には、大きな親指を立てた「了解！」のサインのみを送ってくる子や、既読スルーな子。夫からは、「ありがとう」という返信がきました。

実はこれが、夫からの「初めてのありがとう」だったのです。

それを目にしたときには、とても驚くと共に、本当に嬉しかったのを覚えています。

それからは、私と家族の関係は変わっていきました。

子ども達は、困ったことがあれば気軽に私に相談してくれるようになりました。「ありがとう」といったその先では、メッセージを受け取った相手も、普段は考えてもいなかった感謝の気持ちが芽生えたのかもしれません。

前述したように「ありがとう」は、体の中の水分中の結晶を生み出してくれます。

それだけでなく、家族1人ひとりの間にあった壁を壊してくれたのです。

こうして我が家の「ありがとう」による改革は、始まりました。

2　家族仲が今すぐ変わる魔法の言葉

変化の連鎖は、無理なく自然に

過去の私は1日中、家族への不満で頭がいっぱいでした。

「私がこれだけやっているのに、誰も感謝しない！」、「もっとこうしてくれたらいいのに！」。そんな不満だらけの、ストレス一杯な日々を過ごしていました。

しかし、家族へ「ありがとう」という言葉を改めて伝えたあの日から、私の毎日は変わっていきました。いつでもどこでも、「ありがとう」が、言いたくて仕方がないのです。

そしてなんと私は、子ども達の顔や体にもお礼を言い始めます。「けがをしないで、学校へ行ってくれて、ありがとう」、「あなたの顔を見ているだけで癒されるわ、ありがとう」。

すると今度は、変わってきたのは子ども達です。「ありがとう」を言われ慣れてきた子ども達は、みるみる変わっていきます。そして次第に子ども達も、息をするのと同じように「ありがとう」を言うようになったのです。以前なら、ご飯をつくっても、洗濯をしても、送り迎えをしても何も言われなかったのに、「ありがとう」の連鎖により、「ごはん美味しかったよ、ありがとう」、「洗濯物を畳んでくれて、ありがとう」、「お出かけに連れていってくれて、ありがとう」、「お風呂を沸かしてくれて、ありがとう」、「あそこのティッシュを取ってくれて、ありがとう」……子ども達が、「ありがとう」をたくさん言ってくれるようになりました。

家族間だけでは、ありません。コンビニエンスストアで会計を済ませればレジの方に、ありがとうございます。バスの運賃を払うときにも、ありがとうございます。レストランで食事をしたら、ご馳走様、ありがとうございます。

すると、なんと夫にも嬉しい変化が訪れました。

夫はもともと、「ありがとう」を言わない人です。私が送った長文の「ありがとう」メッセージには、初めての「ありがとう」をくれましたが、その後、日常で出てくることはありませんでした。

しかし、「ありがとう」を言わない壁は、家族みんなの「連続ありがとう」で崩され、夫からも「ありがとう」という言葉が出てくるようになったのです。

「ありがとう」は、進化していく

こうして我が家は、家族1人ひとりからの「ありがとう」で溢れかえります。

そして小さな「ありがとう」が飛び交うようになると、次は大きな「ありがとう」も生まれやすくなります。

私と子ども2人きりでの時間を過ごし、その後に子どもから言われる、「2人でいい話ができて嬉しかったよ、ありがとう」。私も子ども達も、1つひとつの瞬間を大切にできるようになりました。

日常の些細なことへの「小さなありがとう」、大切な時間への「深いありがとう」。両方を日々たくさん言い合いながら、家族仲はどんどんよくなっていきました。

1人ひとりが目に見えて変わっていく姿を、とても嬉しく思ったのを覚えています。ぜひ、あなたも、「小さなありがとう」から始めてみませんか?

3 ありがとうの強要お断り

「ありがとう」の3つの悪い効果

我が家は、「ありがとう」のおかげで家族1人ひとりがよい意味で変化し続け、家族仲もとてもよくなっていきました。

「ありがとう」を言うことを習慣化し、家庭内に「ありがとう」の花を咲かせていくこととは重要です。「ありがとう」と言ったあとには、怒りや憎しみは沸いてきません。

以前、職場では、部下でも後輩でも女性でも男性でも「さん付け」で呼ぶという運動をしている会社がテレビで取り上げられていました。「さん付け」が浸透するとどうなったか? なんと、怒鳴ったり、汚い言葉で非難するなどのパワーハラスメントが、激減したのです。

たしかに「お前!」とか「香川!」と言った後に、キツイ言葉を言うのは簡単ですが、「香川さん」から始まると、その後、罵声を浴びせづらく、穏やかな言葉で話すようになりますよね。

ただしここで、気をつけなければならない大きな落とし穴があります。

それは、「ありがとうの強要」です。子ども達が「ありがとう」が言えるように、色んな場面でついつい「ありがとうは？」「ありがとう、言ったの？」と、口に出してしまっていませんか？

このようにして子どもが「ありがとう」を言った場合、表情は全く「ありがとう」ではないため、相手にはすぐに伝わります。また実際に子ども自身も、『「ありがとう』は、言わなくてはいけないから言う」という間違った学びを得てしまうことになります。この学びを得てしまうことにより、3つの悪い効果が発生します。

・指示待ち人間になる
・口先だけの人になる
・心から「ありがとう」と思えなくなる

子ども達がこのような悪い効果を得ないためにも、「ありがとうの強要」は避けるべきです。

ではどうすれば、子ども達が自発的に「ありがとう」を言えるようになるでしょうか？

私は、「ありがとうの強要」はしていませんが、「ありがとうを促す」ということはしています。

お礼を言って欲しい場面で、「あの人のおかげで、楽しい時間が過ごせたね」、「パパが映画館に連れて行ってくれたから、すごく楽しかったね」など、感謝に値することを実際に言葉にすることで、子ども達は自然に「ありがとう」を言いに行ってくれます。

また普段から、子ども達の話を聞く中で、「そうなんだ、それはありがたいねー」と、話題に出てきた人に対しての感想に「ありがたいね」を頻繁に言うようにしています。

3億円以上の幸せに、ありがとう

人は当たり前すぎると感じたことに対して、その有難さに気づかないものです。空の景色が見えるのも、花の香りを楽しめるのも、波の音が聴けるのも、そして呼吸ができるのも、当たり前にできてしまうので、何ひとつ欠けても辛いことだということに気がつきません。

『第10回全国・講師オーディション』（有限会社　志縁塾主催）で、準優勝された河村武明さんのスピーチ。スピーチの本番では、河村さんご本人ではなく、奥さまが原稿を代読されました。

なぜなら、河村さんは話すことができないから……。

ミュージシャンとして活動していた河村さんは、２００１年10月、突然の脳梗塞で倒れます。命はなんとかとりとめたものの、目覚めたときには、重い障害（失語症、聴覚障害、発音が困難になる構音(こうおん)障害、右手麻痺)が残りました。声の出し方がわからない！　言葉を忘れてしまった！　右半身が動かない！　しかも、小便はチューブ、大便はオムツのなか、食事は鼻からチューブ。「34歳で、見事に俺の人生は終わった」と思ったそうです。それから彼は、これ以上生きていても仕方がない。もう死んだほうがマシだ。繰り返し絶望に陥り、死にたい、死にたいと、死ぬことばかり考えたそうです。

河村さんによれば、人間、本当に絶望すると、周りの景色がモノクロになるとのこと。本当に絶望したことがなければ、言えない言葉です。人と会って挨拶をしたり、友達とくだらない話をしたり、そんななんのことはない、ごく普通のありふれた日常のすべてが愛おしいと思えたといいます。

声が出たこと、ギターを弾いていたこと、歌を聴けたこと、自分は、なんて幸せだったのだと。しゃべれる薬があれば1億円でも買う！　言葉の聞き取りができる薬があれば1億円でも買う！　右手が動く薬があれば1億円でも買う！　本気で思ったそうです。

ただ同時に、合計3億円は、ちょっと無理かなとも思ったそうですが……。ということは、自分は、最初から3億円分の幸せを持っていた。自分が、幸せの海にいたんだということに気づいたそうです。

失ってみて、よくわかった。そして、唾を飲むこと、呼吸ができること、声が出ること、言葉の聞き分けができること、両手が動くこと、それらのすべてに感謝したことすらなかったと気がついたと。当たり前のことが、どれほどありがたいことだったか！　どれほど幸せなことだったか！　そして、普段の感謝が、いかに大事だったか！

河村さんのこの思い。詳しくは『人生の中に不可能なことは意外と少ないものなんです』河村武明著（ケイエスティープロダクション）をお読みください。

私達は、気がついていないだけで何億円出しても買えない、貴重な時間を生きている！　河村さんの体験と気づきは、そのことを再認識させてくれます。

また、このような話もあります。高校の卒業式の日。生徒から慕われていた担任の先生は、卒業生達から「先生、ありがとうございます」、「先生、ありがとうございました」と、感謝の言葉を言われたそうです。

先生はその感謝の言葉を受け取りつつも、こう言いました。「ありがとう！　でも君達が一番感謝しなければならないのは、誰だと思う？　私じゃなくて、御両親だよ！　ここまで立派に育ててくれた両親に今日、学校に来る前に『ありがとう』ってお礼の言葉を言ったのかな？　まだ伝えていないなら、自宅に帰ったら『ありがとう』って、お母さん、お父さんに伝えようね」

人は、当たり前のように過ぎる日常にこそ幸せがあるということに、気づかずにいるのです。

4　手抜きから産まれる「ありがとう」

ポイントは、ただただ明るく言うこと

家庭内に「ありがとう」を溢れかえらせるためのもう1つの方法は、「ありがとう」を言う機会を自らつくるということです。

私は、これをとても楽しんでやっています。いつも頑張っているお母さん達、ここで少し一休みしませんか？

お母さんが手抜きをして、楽をすることは、とてもいいことです！「ありがとう」を言う機会をつくるために必要なことは、とても簡単。

「ママには、これできなーい」と、ただただ明るく、子どもに甘えてみましょう。例えば、「手が荒れてしまっていて、お皿が洗えない」と、子どもに食器洗いを頼みます。そうすれば、その間に洗濯など他の用事をすることができます。

また他にも、子ども達に「教えて」と頻繁に頼むようにします。自分で調べればわかることでも、あえて子ども達に尋ねてみるのです。

「これ、英語ではなんていうの？」、「このアプリのここ、どうやったらいいの？」、そしてやってもらった後、教えてもらった後に、もっとも重要なことが待ち構えています。

ママが楽をすれば、家族が幸せに

子どもに手伝ってもらった後に待ち構える、もっとも重要なこと。それは、最大限の「ありがとう」を示すことです。もう大げさに、目をきらきら輝かせながら、満面に笑みを浮かべて明るく大きな声で、「ありがとう!!　すごく助かった!!」と、子どもの目を見て伝えます。言われた子どもは、ちょっと照れた表情を浮かべながら、とても嬉しそうにしています。

ここで大切なのは、1人にピンポイントで頼むということ。こうして頼られた子どもは、存在価値を認めてもらえたと感じるようになります。

お母さん自身も、手抜きをして楽になっているおかげで余裕がうまれ、ご機嫌になり、第5章でお話しした「幸せのシャンパンタワー」が始まります。

家族全体が幸せになれる、お母さんの「手抜き」。ぜひ試して、どんどん楽に幸せになってください。

5　友達が増える貯金箱

家から外へ、はじめよう「ありがとう習慣」

家庭内での、「ありがとう」の習慣についてお話ししてきましたが、外ではどうでしょう？子ども達は、学校のお友達に「ありがとう」をどれくらい伝えていますか？　また私達は、外で会う人達や友人に、どれだけの「ありがとう」を伝えているでしょう。

朝起きてから、夜布団に入るまで。私達は、思っている以上に多くの人達と会っています。その日たまたま会った人、毎日会う友人、友人ではないけれど、毎日同じ場所と時間に会う人。実際は言える機会はたくさんあるのに、その機会を逃してしまっている場合が多いです。

「今日も一緒に遊んでくれて、ありがとう」

「話を聞いてくれて嬉しかったよ、ありがとう」

「ワンちゃんを触らせてくれて、ありがとう。」

家庭内でこまめに「ありがとう」を伝えているように、外でも実践してみましょう。

今までになかった習慣なため、最初は言いづらいかもしれません。だけど勇気を振り絞って1回目を乗り越えれば、あとは自然に言えるようになります。

「ありがとう」の天才が創る、心地よい毎日

我が家の末っ子は、「ありがとう」を言う天才です。

車に対しても、「連れて行ってくれて、ありがとう」、動物に対しても「かわいいお顔を見せてくれて、ありがとう」、このように人だけでなく、モノや動物にまで「ありがとう」を言います。

すると、彼女のお友達もみんな「ありがとう」をたくさん言う子ばかりになりました。

彼女がお友達を自宅に連れてくる日には、彼女とお友達全員がこまめに「ありがとう」を言ってくれるので、とても気持ちがよいのです。

こうして、「ありがとう」を言う天才である彼女は、学校でのお友達がとても多いです。同じクラスの子だけでなく、他学年にまで仲良しの子がたくさんいます。

「ありがとう」を外でも言えば、言っている本人、言われた相手、それを聞いた周囲の人、どこまでも「心地よさ」が広がっていきます。友達を増やすための基本は、「ありがとう」です。

家の中だけでなく、外でもどんどん言う習慣を身につけましょう。

6　「ごめんなさい」を「ありがとう」に変えて人生好転

シンプルな置き換えで、大きく変わる

あなたは日ごろから、つい「ごめんなさい」を、連発していませんか？

「お忙しいところ、時間を取ってもらってごめんなさい」

「電話をかけてもらって、ごめんなさい」

この、「ごめんなさい」を、「ありがとう」に言い換えるとどうなるでしょう。

「お忙しいところ、時間を取ってくれてありがとう」

「電話をかけてくれて、ありがとう」

ただ単純に置き換えるだけで、とても明るい印象になります。

「ごめんなさい」は、相手が文句を言いやすい状況をつくります。そのため、仕事の場面などでは、クレームが発生する原因にもなりがちです。つまり「ごめんなさい」を言うことで、自分を不利な状況に自ら追いやることになるのです。

「ごめんなさい」を「ありがとう」に変えるだけで、気持ちのいい温かい空間が生まれます。


家族関係が変わり、愛されている実感が湧いた

我が家の長女は以前、「ごめんなさい」をよく言っていました。思春期に親の再婚により家族構成が変わり、複雑な時期でした。

当時、ちょっとしたことでも拗ねることの多かった彼女は、「すぐに拗ねる子でごめんなさい」、「迷惑かけてごめんなさい」と、よく言っていました。このころの彼女は、再婚で兄弟となった弟達とも、うまく馴染めずにいました。

しかしその後彼女は、「拗ねていた私に、対応してくれてありがとう」、「わがままを聞いてくれて、ありがとう」と、「ごめんなさい」を「ありがとう」に言い換えるようになりました。すると、弟達ともすっかり打ち解けました。彼女の家庭内での雰囲気が変わり、話しかけやすくなったそうです。

彼女自身も家族に話しかけやすくなったようで、進路の話や、普通なら親に言わないであろうことまで相談してきてくれるようになりました。

家族内でのコミュニケーションが増え、本人に「大切にされている」という実感が湧きました。

現在は成人し、家を巣立った彼女。彼女が帰ってくる日には、家族そろって外食へ行くのが、家族みんなの楽しみです。

7　ペンキ上塗りをやめ、カビキラーで根こそぎクリアに

究極の「ありがとう」に含まれていた、意外なもの

家族、友人、たくさんの大切な人達。大好きでとても身近だからこそ、「もっとこうしてくれたらいいのに」、「どうしてあのとき、こうしてくれなかったの」という不満も溜まります。

私は過去に、何度もこの大好きな人達への不満と戦ってきました。

彼らのいいところをノートに書きだしては、「こんないいところもあるのだから」と無理やり自

分を納得させて、日々を過ごしました。

それはまるで、壁についた汚れの上に、白いペンキを塗ったようなものです。不満は心の中に、残っていました。

そんな中で私は、たくさんの「ありがとう」で溢れた日々を続けていく中で、最高潮の「ありがとう」に出会うのです。

「日常的なありがとう」の繰り返しは、とても気持ちのいいものですが、それらとは段違いです。この私が味わった「究極のありがとう」にはなんと、「ごめんなさい」が含まれていました。

今までため込んできた相手への不満が、「こんな風に思ってしまってごめんなさい」といっきに洗い流される感覚。それは、壁の汚れにペンキを塗り重ねるのではなく、カビキラーで汚れを根っこから拭い去る感覚でした。

今までのペンキを塗り重ねていた感覚から、どうしてこのカビキラーで汚れを拭い去る感覚に移ることができたのか。

そのために必要な要素は、３つでした。

究極の「ありがとう」に必要な3つの要素

１つ目は、愛情です。

相手に対して、愛情があるかどうか。愛情がない相手には、いくら不満や期待があってもこの「ごめんなさい」で洗い流される究極のありがとうは感じられません。

2つ目は、絆です。

知らず知らずのうちに培われていった2人の絆。深い絆がある相手だからこそ、心の中の深い部分に手が届くのです。

そして3つ目は、思い出です。

2人で重ねてきた、たくさんの温かい思い出があります。温かい思い出がお互いの胸の中にあることが、感謝の気持ちの背中を押してくれます。

この3つの要素があれば、相手に対しての不満と「こうしてくれたらいいのに」という期待が、苦しみではなくなります。

相手に対しての「こうしてくれたらいいのに」という思いは、期待し求めていたからこそ生まれたもの。相手を強く思っていたことに変わりはないので、感情を後押しします。

涙があふれ、胸の中が幸せで満ちながら、「こんな風に思ってしまってごめんね」と心から癒され、「ありがとう」が純度の高いものとなります。

この究極の「ありがとう」を経た後は、相手に対しての愛情を再実感し、素直に本音で「好き」が言え、褒めることができます。また2人の関係もスムーズなものとなります。

今不満を抱えている相手に対して、この3つの要素があるか思い浮かべてみてください。そして不満が洗い流される「ありがとう」を、ぜひ味わってみてください。

8 ワンチャン「口だけ『ありがとう』」も◎

口だけ「ありがとう」で、子どもが動いた

もともと「ありがとう」を言う習慣がない方にとって、「ありがとう」を口にするのは、難しいと思います。そのため、最初の1歩は、勇気を振り絞って……と思われるでしょうが、実は、そこまで勇気を振り絞る必要はありません。なぜなら、心に思っていない「口だけ『ありがとう』」にも、しっかり可能性があるからです。

最初は、心では思っていなくてもとりあえず、口だけで「ありがとう」を言いましょう。

こんな場面を、思い浮かべてみてください。子どもに「部屋を片づけて」と言ったとします。そのままお皿を洗いに行き、終わって子どもの様子を見てみると……すっかり片づけ終えた様子で、ソファでくつろいでいます。そこで、今度は部屋を覗いでみると、大まかな部分を少し片づけただけで、部屋全体はまだまだ散らかったままです。よくあるパターンですよね。

そこで思わず、「まだ散らかっているじゃない！」と言いたいところですが、そこはぐっと我慢しましょう。そしてこう言ってみてください。

「片づけてくれたのね、ありがとう」すると子どもも、

「あ、もう少し片づけてみようかな」という気持ちになります。

このように、「口だけ『ありがとう』」により、よい効果を得られることはあるのです。

感謝を知らなかった人が、感謝で溢れるようになった理由

私の知り合いに、こんな人がいました。

その人は普段から
「こんなこと、やってもらって当たり前よ」

「ただでもらえて、ラッキーだったわ」

と、感謝の気持ちを持てない、「ありがとう」が言えない人でした。注意をしても、そもそも本人が「感謝の気持ちをどうやって持てばいいのかわからない」という状態でした。

そこで私は彼女に、「口だけ『ありがとう』」をすすめてみました。

最初は、半信半疑で始めた彼女でしたが、「口だけ『ありがとう』」を実行し、続けてくれました。するとなんと次に会ったときに、彼女がこう言ったのです。

「みんなのおかげで、今の私があるのよね」

私は、とても驚きました。彼女自らこの言葉を口にするほど、周りの人への感謝の気持ちでいっぱいになっていたのです。

「ありがとう」は、言い続けると中身が濃くなっていきます。最初は口だけで心がこもっていなくても、意識せずただ続けているだけで、、自然に本物の「ありがとう」になっていきます。

皆さんも、誰でもどんな状態でも始められる「口だけ『ありがとう』」で、ワンチャン掴んでみてください。

第6章のまとめ

「感謝とは、何ですか？」と聞かれると、あなたはどう答えますか？

私は、感謝とは何なのかを言葉で表すのは、難しいと思います。なぜなら感謝1つひとつが、大きく違うからです。大きさも、意味も、深さも、そして相手も……。

こんなにもいろいろな感謝があるのに、感謝を表す方法は、とても簡単。

たった1つの言葉、「ありがとう」を言うだけ。

感謝にいくら種類があっても、それを表す言葉は、たった1つ。考える必要も、新たに学んだり、覚えたりする必要も、ないのです。

こんなに簡単に、感謝をすることができます。そして感謝をすることで、子どもも、家族も、周囲の環境も、あなたの心の中も、そしてあなたの人生全体までもが、好転します。

たった五文字！「ありがとう」を、声に出して言いましょう。

第7章　自信の貯金箱

1　ショートケーキのスポンジを固めよ

「継続は力なり」の継続は、些細なことでいい

子ども達の成長に、自信は不可欠です。どんな目標に立ち向かうにも、自信がなければ、始めることも進むこともできません。また、やっとの思いで始めたとしても、自信がなければ挫折してしまうこともあるでしょう。

では、この自信はどのようにして得られるのでしょうか。大きな目標を目の前にして、「自信を持って！　あなたならできるよ！」と声をかけても、急には変われませんよね。そこで、我が家の次男が取り組んだ方法をご紹介します。

彼は、高校を中退した後、東京大学を受験することを決意しました。もちろん、簡単なことではありません。高校を辞めたこと、東大を一緒に目指すよい仲間がいないこと、専門家に囲まれていないこと、成功例が少ないことなど、自信を持てる要素が何ひとつなく、厳しい状況でした。しかし彼は、1つひとつ丁寧に取り組んでいきました。

彼が自信を得るために大切にしたのは、毎日6つのことをやり続けるということでした。

・毎朝コーヒーを淹れて飲むこと
・英単語を覚えること

・ランニングをすること
・栄養バランスを考えた食事を摂ること
・朝5時に起きること
・模試は必ず受けること

この6つのことを欠かさずやり続けていくことで、彼は東大受験をするという自信を手に入れます。ではどうして、この6つのことを続けることで、大きな自信にまでたどり着いたのでしょうか。

ここで、ショートケーキをイメージしてみてください。

彼が毎日続けた6つのこと。これらは、ショートケーキのスポンジをつくる材料です。卵、小麦粉、砂糖、これらを毎日丁寧に扱いながら、ショートケーキの土台となるスポンジをしっかりと安定させていきます。いきなり大きな目標に焦点を当てれば、自分の未熟さを目の当たりにして潰れてしまいます。しかし、毎日の小さな達成に目を向ければ、達成感が積み重なっていくのです。スポンジがしっかりしていなければ、その上にクリームや苺を載せても崩れてしまいます。

もちろんスポンジだけでは、ショートケーキは完成しません。しかし、デコレーションする準備は整います。スポンジが完成したら、より高い勉強スキルや仕事などとなるクリームや苺を載せていきましょう。スポンジの安定をさせ続けていれば、ケーキを仕上げていくことができます。

大きな目標を達成するための大きな自信を得るためには、まずは毎日続ける小さなことを決めましょう。小さな積み重ねこそが、目標達成への重要なカギです。

「継続は力なり」と言いますが、まさに続けていくことが自信につながり、その自信がさらに難易度の高いことを挑戦するための自信にもなるのです。

6つの習慣がもたらしたこと

「毎朝コーヒーを淹れて飲むこと」、前述しましたが、コーヒーを淹れている間は一種の瞑想状態になります。

今の時代は、ネットニュースにライン、ツイッター、インスタにYouTube、そしてTikTok。様々なSNSによって考える時間が奪われてしまっています。

いつでも手の中でスマホをタップすれば、次々に流れてくる暇つぶし。これにより、「暇だ」という感覚がなくなってきているのではないでしょうか？　それは同時に、考える時間を奪っています。

学校の帰り道、通勤時間、営業の待ち時間、アトラクションや人気店に並ぶ時間。考える時間はいくらでもあったのに、すべてスマホがあればその時間が、暇でなくなります。

このように現代の環境では、自分の頭で考える時間が、どんどん奪われていきます。

コーヒーを淹れる数分間は、スマホから離れ、自分の頭で考える。彼は、これからのビジョンや今日の目標を考える時間にしていたのです。

「英単語を覚えること」は、初動に効果的です。最初から難しい問題にチャレンジしたり、総合問題を解こうと思っても、波に乗らなかったり、モチベーションが上がらなかったりしてしまいます。出だしでつまずくとリズムが崩れ、計画通りに勉強ができなくなる場合もあります。さらに東大の試験科目は多岐にわたっています。「英単語を覚える」ということは、毎日何かはやり続けているという自信につながります。

「ランニングをすること」。精神科医　アンデシュ・ハンセン氏のベストセラー『運動脳』（サンマーク出版）この書籍によると、運動がいかに脳の働きによいか、結論を言うと「有酸素運動は地味だが、一番効率よく脳を活性化できる方法」だということが書かれています。私が子どものころは「遊んでいないで勉強しなさい」と言われ、教育ママの家庭では、運動系の部活に入ると疲れて勉強できないからと、文科系の部活に入れさせられる子もいましたが、実は運動は脳を活性化させるのです。

また、ランニングもコーヒーを淹れているときにつくられる瞑想の時間と同じように、物事を考える時間になります。

「栄養バランスを考えた食事を摂ること」。受験勉強中は、つい手軽に食べられるジャンクフードやカップラーメンを選んでしまいます。しかし、長い闘いで体力勝負である受験勉強だからこそ、栄養バランスに配慮した食事が大切です。

大切な栄養バランスを意識した食事を摂ることができているということ自体が、安心となり、自信に繋がりますね。

「朝5時に起きること」。学校や会社など、強制的に行く時間が決まっている場合は、自然に生活リズムができます。しかし、24時間自分次第という生活になった次男にとっては、規則正しい生活を送ることは、簡単ではありませんでした。

毎朝起きる時間と、寝る時間を守る。ルール化して実行し続けることは、「ルールを守ることができること」「継続できること」の2つにより、自信に繋がりました。

「模試は必ず受けること」。最後の継続が一番難しい継続です。

模試は、自分のリズムに合わせた出題を、してくれるわけではありません。まだこの教科には、時間がかけられていない。この教科のこの部分は、まだ勉強できていない。いろいろな事情があっても、それを考慮してもらえることは、ありません。

そのため、点数が思い通りに伸びないこともよくあります。その上、志望大学へ合格できる可能性をはっきり毎回アルファベットや数字で表されるため、心が折れることもしばしば。

模試を受けるよりも、その時間分も勉強しようかな、と思った経験のある人は、多いのではないでしょうか。

しかし模試を受けることには、たくさんの意味があります。緊張した空間で問題を解くことに慣れること、時間配分の練習ができること、いつもとは違う雰囲気で試験が受けられること、勉強した成果を試せること、そして何より、精神を鍛えられること。

模試の結果をもらうときは、結果がよくても悪くても、継続を決心する機会となります。

ただ申し込んで、行くだけではありません。様々な精神的負担を乗り越えながら、継続していました。

このように、１つひとつにいい意味があったとしても、６つのことを継続することは、大変なことです。

しかし、大変なら大変なほど、それをやり切ったとき、何とも言えない達成感と自信へと繋がっていくのです。

2　味噌づくりでメンタル安定は本当だった

精神安定と味噌の驚くべき関係

私は年に２回、味噌づくりのイベントを開催しています。そこで皆さまに、味噌がどれほどメンタルの安定に効果的かをお伝えしています。

まずは、味噌に含まれる成分についてです。

味噌には、タンパク質が豊富に含まれています。神経伝達物質であるドーパミンとセロトニンは、脳内でタンパク質を原料につくられます。ドーパミンは意欲や学習能力を司り、セロトニンには精神を安定させる役割があります。これらが不足すると、脳の働きが鈍くなります。その結果、精神が不安定になり、集中力、思考力が低下します。そのため味噌に豊富に含まれるたんぱく質は、脳の働きには欠かせません。また、良質な睡眠を取るのに欠かせないホルモンであるメラトニン。このメラトニンの原料となるトリプトファンも、味噌に豊富に含まれています。その他にも、味噌の中にはＧＡＢＡが豊富に含まれています。ＧＡＢＡとはγ-アミノ酪酸（Gamma Amino Butyric Acid）の略で、精神を安定させる働きがあります。

精神安定のために必要な成分は、味噌の中に勢ぞろい。これだけを見ても、味噌がメンタルの安定にどれだけ効果があるのかを、知っていただけるでしょう。味噌は、日本の伝統的な文化なのです。昔は、村民全員で味噌づくりをしたと言われています。

味噌で繋がり続けた村民達

なぜ、１人ではなく全員なのか、そこに大切な意味があります。

誰の手にも、「常在菌」があります。常在菌には、よい菌も悪い菌もあります。味噌をつくる際に、村民全員の手を使ってこねられる味噌。こうして味噌の中には、村民全員のよい菌も悪い菌も含まれていきます。そうして出来上がった味噌を村民全員で分け合い、健康の源としていました。インターネットのない時代、近所の人達で助け合い、支え合うことが大切でした。

人の心と体は、食べたものでつくられています。

互いの常在菌が含まれた味噌を食べている村民同士には、言葉で表しきれない理解と絆が存在したことと思います。

そう考えたとき、みそ汁もおにぎりも同じ「常在菌」が含まれていますね。朝食は和食の時代からパンを中心とした洋食に変わってしまったのも、絆のうすい家庭が増えた原因かもしれません。

私が２月と10月に行っている味噌づくりイベントには、毎回約１００人以上の方が参加してくださいます。同じ材料、同じ環境でつくっても、つくる人が違えば違う味の味噌になります。

次に、私が実際に味噌づくりから経験したお話を、ご紹介します。

3　味噌は、家族そのもの

離れていても、味噌で繋がる

私は以前、子ども達のメンタルの不安定さに頭を悩ませていた時期がありました。

感情の起伏が激しく、無性に腹が立つ。そしてまた、その後の落ち込みも激しいのです。私は、どうすれば子ども達のメンタルを安定させられるのかを探し続けていました。

試行錯誤の末、信頼できる友人の言葉により、味噌づくりと巡り合いました。私は期待に溢れていました。

「これで子ども達のメンタルが安定する」

家族全員に、一緒に味噌をこねるように頼みました。「家族みんなの常在菌を入れよう！　みんなのよい菌も悪い菌も入れたら、私達家族の味噌が出来上がるよ」

最初は「何それ！」と、半信半疑だった子ども達も、面白そうという感覚で、とりあえず手を差し出してくれました。

それからはどんなときも、我が家の食卓に味噌汁を欠かしたことはありません。おかずの品数を減らしても、味噌汁の中に野菜もお肉も入れてしまえば大丈夫。献立を難しく考えることはなく、ただとにかく様々な具材の味噌汁を、一家団欒で飲み続けました。

それを何年も継続し、子ども達が我が家を巣立って行くときも、1人暮らしのその家に、家族みんなでつくった我が家だけのオリジナル味噌を持っていきました。

例え、何も具材を入れなくても、味噌にお湯を注いで飲むだけでもいいのです。

家族全員の常在菌が入った味噌を、離れて1人で暮らす子どもが飲み続ける。離れていても、心と体で繋がり続けることができる。そんな思いでいられるのも、味噌のおかげだと思っています。

味噌づくりには、期間を要します。

子どもが巣立つのが4月なら、10月には味噌づくりを開始しなければ間に合いません。子どもが巣立ち、イキイキと1人暮らしをしている姿を想像しながら、家族全員で味噌をこねます。

味噌嫌いなご主人が、味噌汁好きになった素敵なお話

また、味噌づくりイベントに来てくださる方からも、素敵なお話を伺いました。ある方のご主人は味噌汁が苦手で、今まで市販の味噌は食べられなかったそうです。

しかし、この味噌づくりで奥様がつくった味噌で味噌汁を食べると、「美味しい」と喜び、お気に入りメニューとなったそうです。やはり、愛する奥様の常在菌でつくられた味噌は、心と体が喜ぶのでしょう。市販の味噌では代用できないため、奥様はまた嬉しそうに、味噌づくりイベントに戻ってきてくださいました。

心と体が喜ぶ、家族の常在菌が含まれた味噌。日本の素晴らしい伝統文化を取り入れ、家族の絆を再認識するとともにメンタルも安定させましょう。

4　褒めるポイントは、そこではない！

大切なのは、結果ではなくて〇〇

「成功にとらわれるな、成長にとらわれろ！」

元ワールドカップ日本代表のサッカー選手、本田圭佑さんの言葉です。私はこの言葉を、子ども達との日々を過ごす中でひしひしと噛み締めています。

クラブで試合をして、勝ったのか負けたのか。高校や大学を受験して試験に合格したか落ちたか。見るべきところは、そこではありません。

私達が見るべきなのは、子どもが成功したかどうかではなく、「前に進んだかどうか」です。ここで、我が家の長女が、高校3年生のときのことをお話しさせてください。

彼女は第一志望の大学を目指し、毎日猛勉強を重ねていました。

自発的に計画を立て、こちらが驚くほどの努力をしています。私達親は、見守るしかできません。

しかし、頑張っていた彼女ですが、第一志望に合格できるレベルに達することなく、第二志望の大学を受験することとなりました。落ち込む彼女に私は、こう言いました。

「すごいね。目標に向かって、立てた計画はすべてやりきったね。素晴らしいよ」

できたかできなかったかではありません。結果ではなく、彼女自身を見つめていました。

私は、彼女の頑張る姿を見てきました。だからこそ本心では、彼女の夢を叶えてあげたい思いでいっぱいです。しかし、親がしてあげられることは、何もありません。

しかし、これだけはどうしても譲れないものがありました。それは、結果がダメだからという理由で、今までやってきた努力をなかったことにはしないで欲しいということです。

私は、頑張ったこと、大きく進んだことの素晴らしさを、彼女に伝えました。彼女はその後、第二志望の大学に入学します。そしてその後、第一志望だった大学の大学院に合格しました。

もしもあのとき、結果だけを見て努力を見ていなければ、彼女は目指し続けること、努力をし続けることを、止めていたかもしれません。

結果が思うようにいかなくても、それまでの努力と成長を見逃さないようにしてください。

もしも子ども本人が、受験やその他のチャレンジに失敗したことにより、今までの努力を消し去ろうとしていたら、親は全力で止めるべきです。そばで見守ってきたからこそ、それを伝えるのが親の役目なのです。

何にフォーカスするべきなのか？　ここが重要です。もちろん受験や資格試験、契約が取れたなど結果を褒めることも重要ですが、過程を認め、称え、褒める。あなたがやってきたことに意義があり、それは長い人生の中でかけがえのないことだと。

「努力は裏切らない」？

また、「努力は裏切らない」という言葉がありますが、ひねくれた言い方をすれば裏切ります。一生懸命努力してきた2人が、テニスの決勝大会で戦ったら、どちらかは負けることになります。公認会計士や税理士の試験会場は努力した集団の集まりです。それでも全員は受からない。だからこそ努力の過程と、その先の未来が重要なのです。

その先の未来とは……私の友人で2歳からサッカーをはじめ、小中学校ではエースストライカー。高校では県の選抜にも選ばれていました子がいました。しかし、プロからの声は掛かりませんでした。ずっとサッカー中心の生活を続けてきたのに……。努力が報われてプロになるのは、ほんの一握り。そしてプロになったとしても、そこからレギュラーになるのも、さらにそこから10年プロとして続けていくことも、至難の技です。努力だけでは不可能です。

では、プロになれなかった人は、どんな人生を歩んでいるのか？

不幸なのか？　そんなことは、ありません。友人はサッカー教室で先生をやっています。その仲間はスポーツ用品店を開業したり、高校のサッカー部のコーチをしたり、フットサルのサロンを経営したり……。努力をしてもプロの道は開けていなかったけど、サッカーに携わることはできています。

褒めるポイントは過程、そして努力の結果はその先の未来にあるのです。

5 「ポジティブでいれば幸せになれる」実はあった裏話

ポジティブを心がけたら、子ども達が苦しんでいた

どの書店を訪れても、「ポジティブ」とタイトルについた本が目立つ場所に置かれています。どんなことがあっても、ポジティブに捉えることができれば幸せに生きられる。そう語られることは多いでしょう。

たしかに一理あります。そして、そのように考えられるときや、そのように考えられる人は、物ごとを好転的に捉え、過ごしていくのがよいと思います。

一方、ポジティブの強制によって辛くなる方もいます。

私も以前、無理してポジティブな捉え方を続けた結果、望まない事態を招いてしまったことがありました。

当時の私は、どんなこともとにかくポジティブに置き換えるよう、努めていました。

コーヒーをこぼしてしまった　↓　床の拭き掃除ができて、よかった

トラブルに巻き込まれた　↓　学べる機会となり、ありがたい

会社、学校に居場所がない　↓　明日はきっと大丈夫

家族で登山に行ったときでさえ、全員疲れ切って苦しい中　↓　すがすがしい空気だねと、無理やりにポジティブに変換して口に出したものです。

私は、ネガティブ言葉は受け付けない、ポジティブ100％で生きようと心がけていました。しかし実はこれが、子ども達に望まないプレッシャーを与えていたのです。

子ども達は、お母さんは、ネガティブなことは受け入れてくれないのだと考えます。それにより、家庭や学校で苦しいことや悲しいことがあっても、親には話さずに1人で抱え込むようになりました。愚痴も悩みも相談できなくなった、相談できる雰囲気ではなくなった家庭、は重苦しい雰囲気になりました。

その後、私はポジティブ100％をやめ、ネガティブを受け入れる姿勢を見せた結果、子ども達からは、今までためられてきたネガティブな話が一気に放出されてきました。

「友達とうまくいっていなくて、学校をやめたい」

「お兄ちゃんと同じくらい、僕のこともかまってほしい」

「悲しい気持ちが、止まらない」

まるで、ネガティブキャンペーンが始まったのかと思うほど、子ども達からのネガティブな訴えは続きました。

私は、こんなにも苦しみをためさせてしまったのだなと後悔しました。

ポジティブに置き換えるやり方で、ある程度の幸せまではたどり着くことができます。自分自身で物事の捉え方をネガティブからポジティブに切り替えることができることを知っていることも、よいことでしょう。また大人が自分自身で解決でき、日ごろのネガティブな考え方をポジティブ言葉に変換することで、気持ちもポジティブになるのは大賛成です。

しかし私の場合、子どもを含め、第三者まで巻き込んでしまっていました。本当の幸せな状態になるには、ポジティブだけでなくネガティブを受け入れることが必要です。ポジティブの押し売りは迷惑なのです。また、暗くなる気持ちやへこむことに罪悪感を覚え、相談もできなくなります。

若者の自殺率、男女の比率を考える

ここで、思い浮かぶことがあります。日本は、若者の自殺率が多い国です。そしてその若者の中でも、女の子よりも男の子の方が多いです。これは、なぜでしょう。

私は、そこには言い出せなかった我慢の度合いがあると思っています。女の子は母親と友達のように何でも話したり、一緒にキッチンに立って料理をつくったり、泣いても愚痴を言っても女の子だからと許される。このような傾向があります。

一方男の子は、「あなたは男の子なんだから我慢しなさい」、「ケンカなんてやり返してきなさい」、「うじうじするな、男らしくない！」などと言われながら、育つ子も多いです。このように言われていると、学校で嫌なことがあっても、イジメがあっても言い出せなくなります。

このような理由から、女の子は相談しやすい環境にあり、男の子は相談できず我慢し続け、自殺の道を選んでしまうのかなと私は考えています。

ネガティブキャンペーン大歓迎！　子どもの口からネガティブワードが飛び出してきたら、「相談されている」、「信頼されている」、「助けてほしいと思っている」と捉えて、その言葉を受け入れ、一緒に考えていきましょう。

6　揺るがない自信の鍵はネガティブ感情？

ポジティブ１００％でうまくいくかは、人それぞれ

ネガティブを受け入れずにポジティブ１００％で生きていると、それが行動にも影響して心も体もポジティブに自信を持って過ごせるという方もいます。

例えば、実業家でYouTuber「ポジティブクリエイター」という肩書を持つ春《はる》木《き》開《かい》さん。家賃４万円のボロアパートで育ち、貧困、格差、裏切り、大学中退など様々な逆境や不運、そしてお金も人脈もゼロからのスタートだったのに、ポジティブ思考で大成功を収めています。

一方、ポジティブ思考である程度までは、幸せな状態までいけても、その幸せが崩れやすい人もいます。例えば、ポジティブ100％でつくり上げた日々に、自信がついてこない人もいます。その場合、自信がないことで、とても不安定な状態となっています。また、ネガティブ思考をポジティブ思考に置き換えても、すぐにネガティブな気持ちが次々に湧いてくるという声も、よく聞きますね。では、そういった方は、どのようにすべきなのか、お話ししましょう。

ネガティブ感情は、フルマラソンの休憩所

ネガティブをポジティブに置き換えることができるようになったことで、これから走り出す「人生の目標」というゴールに向かったフルマラソンのスタートラインに立つことができたと想像してください。ここから、ポジティブな生き方と共に走り出します。

ポジティブに毎日頑張る中、途中ネガティブ感情がやってきます。

「私にできるのだろうか」

ここで、このネガティブ感情を無視して走り続けては、ゴールに着く前に力尽きてしまいます。

ここは、フルマラソンの途中の休憩所。しっかり立ち止まり、湧いてきたネガティブ感情と向き合いましょう。

まず、「私にできるのか」という自分からの問いに、「どうしてできないと思うのか」をノートに書き出します。

「勉強不足」という答えが出れば、勉強をするための計画を立てます。「課題ができていない」という答えなら、課題をいつまでにやるか書き込みます。「やったことないから」という答えなら、どうやればできるようになるか、対策を書き出します。

こうしてネガティブを生み出した原因を視覚化することであぶり出し、向き合い応えることで、解決策を見出し、自信を持って、走り出します。

さて、次に湧いてきたネガティブ感情は、「なんのためにこんなことを、やっているのだろう」です。精神的にも肉体的にも、疲れがたまってきたときに出てきやすい感情です。

ここでもしっかり立ち止まり、向き合います。そして、何のために頑張っているのかを明確にしていくと、「自分の本当の目的」「やりたい理由」が、見えます。

それと同時に「達成した自分」を、まるで映画のワンシーンのように見ることができるのです。達成した後の自分。目標が仕事に関することなら、その場面は今と同じ職場なのか、もしくは違った場所なのか。または、目標によっては部隊の上で何か表彰されているかもしれません。周りでは、家族や友人も一緒に喜んでくれている。幸せな映像が次々に流れます。

この映像を頭に焼き付けた瞬間、自信が胸いっぱいに広がります。

こうしてまた、目標に向かったフルマラソンを走ることができます。ネガティブ感情は否定するのではなく、そこにこそ大事なヒントが隠されています。ネガティブ感情は、視覚化して丁寧に、向き合ってみましょう。

7　子どもこそ強い！　サバイバル力で自信爆上がり

何もないのではなく、材料は無限にある中で

子ども達がいきいきと輝きながら、いっきに自信を身につける方法があります。それは、自然と繋がることです。

私は週末や長期休暇の際には、子ども達と一緒に自然の中で過ごすことを大切にしています。自然の中で過ごすことは、精神が癒され、身体の健康状態がよくなるだけでなく、子ども達を大きく成長させます。

例えば、海でバーベキューをしようとしたときのことです。私達は、思ったように火がつかずに困っていました。すると子ども達は、まるで悪戯をする悪ガキのように目を輝かせます。困難こそ、子ども達にとってはワクワクした冒険の始まりです。最近の私は、大変なことや難しいことは、なるべく避け、チャレンジしていないのに、この子達のように、子どものころは果敢にチャレンジしていたことを思い出し、改めてチャレンジする気持ちを思い出させてもらいました。

子ども達は、どうすれば火が着くのか、こうしてみようか、あぁしてみようか、試行錯誤をした結果、思いついた手段は、「まつぼっくりを入れてみよう」です。結果、大成功。新たな発見をすることができました。

また、山でキャンプをしていたときのことです。次男の全身に、汗疹ができてしまいました。かゆくて痛くて、たまりません。しかし、薬局どころかコンビニもない山の中です。みんなで困り果てていたところ、次男が突然、「海水に浸かりたい！」と言い出し、一目散に海に向かいました。海水に浸かると、かゆみと痛みは和らぎました。こうして彼は、4日間の滞在を乗り切ることができました。

都会にいると、何でもそろっています。例え夜中でも、開いている店があり、自動販売機もあり、救急の病院まである。

一方、自然の中では、すぐにお店で買い物をして、問題を解決するということはできません。しかし、自然の中には、問題を解決するための材料が無限にあります。

多くの大人達は、「どうせ無理だよ」と、チャレンジすることすらしません。しかし、子ども達はそういった固定概念に縛られることはなく、あらゆることを試しながら多くの発見をします。そしてたくさんの失敗をしながら、成功を掴んでいきます。

普段の生活では、知恵と経験で大人が子どもを誘導する場面が多いでしょう。つい手を差し伸べてしまい、子どもの考える喜びも、能力も奪ってしまうかもしれません。

『子供を不幸にするいちばん確実な方法は、いつでも、なんでも手に入れられるようにしてやることである』哲学者、ジャン＝ジャック・ルソーの言葉です。

こんな言葉もありますが、自然の中では、大人か子どもかは関係なし。むしろ子ども達のほうがずっと、サバイバル能力である「生きる力」が優れていることがあります。

問題が発生し、子ども達が自らの行動で解決策を見つけて対処する。そしてもちろん、達成した際には、何にもかえがたい大きな自信を得られるのです。

方法も答えも、1つではない

キャンプでお米を炊く際、炊飯器は使いません。炊飯器なしでお米を炊く方法を、どれだけの子ども達が知っているでしょうか。あるテレビ番組では、洗剤でお米を洗おうとした子がいたぐらいです。

お米と水のバランスは1対1。水がなくなるまで火をつけ、水や芯が残っていれば加熱を続ける。炊飯器で目盛りに合わせて水を入れ、スイッチを押すしか知らない子達にも、この方法を知ってもらいたいです。

なぜならこれからの時代、どのような災害に巻き込まれるかわからないということ。昨日と同じ日常が、明日も続くとは限りません。そんなときのためにも、子ども達にはサバイバル能力を身に着けておいて欲しいと思います。

そしてそれよりも大事なことは、どんなことにも、色々な方法と答えがあるということ。

「1＋1」＝2　という答えしかないのではなく、「2つ」でも、英語のワンツースリーの「ツー」も、フランス語のアン・ドゥ・トロワの「ドゥ」も、答えはたくさんあるのです。

自然の中で身に付くサバイバル能力や、生きる上での様々な選択肢を見つけながら、子ども達の自信を、深く強くもってもらいたいと願っています。

8 「そ〜なん」3段活用

3種類の「そ〜なん」

「ねぇねぇ、あのね」、子ども達は1日に何度も、話しかけてくれます。それらは些細なことから、ちょっと心配になるようなことまで、話題は豊富です。

私はこの子ども達からの言葉には、いつも「そ〜なん」で対応するようしています。

実はこの「そ〜なん」を上手に使い分けることによって、子ども達からの重要なＳＯＳを引き出すことができるのです。

私が使う「そ〜なん」には、３種類あります。

1．スルー系「そ〜なん」

イメージとしては感情を見せない「そ〜なん」です。興味があるのかないのか、嬉しいのか悲しいのか、それらの感情を見せずに、フラットな状態で返事をします。

2．驚き系強め「そ〜なん」

ビックリした！　驚愕した！　その話にめちゃくちゃ興味がある！　といったニュアンスで発す

る強めの「そ～なん」。

標準語で言えば、「え～～!?　そうなの!?」と言うイメージです。

3．疑問形心配「そ～なん」

心配している感情を表現する「そ～なん？」です。寄り添う姿勢を見せています。

子ども達からの言葉に対し、この3つの「そーなん」を使い分けます。ここで重要なのは、最初に使う「そーなん」は、必ず「1」のスルー系の「そ～なん」であることです。

「そ～なん」のおかげで、頭痛の原因がわかった

例えば、子どもが「頭が痛い」と言ってきたとします。

頭が痛いと聞けば、お母さんは心配になるでしょう。すぐに薬を与えて、対処しようとするかもしれません。しかしここでいきなり、「3」の疑問形心配「そ～なん？」を出してはいけません。

頭が痛い原因にはもちろん、病気である可能性が含まれています。

しかし、それ以外にも、勉強や友達に関する悩みだったり、ただ寝不足による一時的なものであったりと、他の理由があるかもしれません。私は、「何か必ず理由がある」という確信を持っているため、「頭が痛い」の一言に動じることはなく、フラットな姿勢で話を聞く「①」のスルー系「そ～なん」で返します。

この「①」のスルー系「そ〜なん」は、「次の話を聞くよ」という姿勢を子ども達に示すことになります。そうすることによって子ども達は、一切の圧力を感じることなく、リラックスした状態で、最初に発した言葉の理由や原因を、説明することができるのです。

この1でご紹介した、スルー系「そ〜なん」は、「少し冷たすぎるのでは？」という印象を持たれる方もおられるかもしれません。

しかし、このような経験はありませんか？

ただの何気ない出来事を報告しようとしただけなのに、相手から「えぇ!?」と驚かれて、期待値が上がり話しづらくなった。ちょっとしたことを相談したかっただけなのに、ものすごく心配されたので、「そこまで深刻なことではないんだけど」と相談するのを遠慮してしまった。

スルー系「そ〜なん」は、どんな話題に対しても、話しやすい環境をつくってくれます。

ちなみにこのときは、私がスルー系「そ〜なん」を使ったことで、「最近しんどい」という言葉を得ることができました。

ここからは、「③」の疑問形心配「そ〜なん」です。それに対して子どもは、「最近進路のことで悩んでいるんだ」と悩みを打ち明けてくれました。

「頭が痛い」、「じゃあ頭痛薬ね」では、導き出せない答えです。

最初は、「①」のスルー系「そ〜なん」。その後は、再び「①」を続けるかもしくは「②」か「③」で反応し、子ども達からのSOSを見逃さないようにしましょう。

第7章のまとめ

この章では、自信についてお話ししました。

私が自信についてお話ししながら感じたことは、「自信はいつも、温かいものに囲まれている」ということです。自信は、勝手に湧いてくるものではありません。自信とは、自分を信じること。家族や周囲の人に支えられながら、自分を信じることができるようになっていきます。

あなたは、1人ではありません。周囲の人の力を借りながら自信をつけ、子ども達の自信を育てる手助けをしてください。

ここで私が伝えたいことがあります。それは、両親は、子どもの自信を育てるための一番のエキスパートだということ。理由は、2つあります。

1つは、子ども達のよさを一番わかっている存在だから。ずっと一番そばで、見守ってきましたものね。

そして2つ目は、子どもが最も信頼している存在だから。一番信じている人から、自分のことを信じてもらえる。これ以上に大きな自信に繋がることは、ありません。

自信に溢れた子どもの瞳と背中は、本当に輝いていて、気持がよいです。どのようにして自信を引き出そうかという前にまずは、「私はこの子の自信を引き出すのに、もっとも最適な人物だ！」ということを、心の中に置いておいてくださいね。

第8章　「いいじゃん」の貯金箱

1　呼吸の前の合言葉「いいじゃん！」

何が「いいじゃん」？

子ども達は日々、「あれ、やりたいな」、「これ、いいかも」といった単なる思い付きから、「う〜ん、待てよ」、「こういう方法もあるか」などと、じっくり考え抜いた進路計画まで、あらゆる要望を言いにきます。

子ども達からの要望に、あなたはどう答えますか？　内容次第という方が多いかと思いますが、私は少し違います。

子ども達が何かをやりたいと言ってきたら、まずは、「いいじゃん！」と答えます。

「Youtube動画を撮影して、投稿したいな」、「実家の近くの大学だけど、1人暮らししたいな」、「友達と卒業旅行へ行きたいな」、「山奥で暮らしてみたいな」……これらの子ども達が言ってくる要望には、結果的に許可するものと、しないものがあります。しかし、内容に関係なく、第一声は「いいじゃん！」、一択です。

なぜなら私は、「親に言ってくれたこと」と「そのような考えにいたった過程」に「いいじゃん！」と言っているからです。

1人で悩んで苦しい思いをしたり、親に言ってもどうせ反対されると思って夢をあきらめるのではなく、自分の考えを伝えてくれたことに「いいじゃん」。

そして、自分のやりたいことや、挑戦したいこと、夢や希望が生まれたことに、「（超）いいじゃん」と思っています。

共感力で出来上がる嬉しい環境

その方向に進んでいいかどうかの「いいじゃん」は、その後に考えます。

スライムづくりの際に、シェーピングクリームを入れたいと言われたときには、「いいじゃん！」その後に理由を聞きました。すると彼女は、よりモチモチでフワフワにするためだと教えてくれ、「それは本当に『いいじゃん』よく発想したね〜」と二度目の「いいじゃん（許可）」を伝えました。

また、アメリカ、イギリス、中国、韓国、様々な国から来た外国の方が宿泊されているゲストハウスへ行きたいと言ってきたときも、「おお！　いいじゃん！」、そしてその後に、詳しく尋ねました。

今後は、ますます国際社会になるので様々な国の人と触れ合い、外国語を学びたいということ。それから、文化も知りたいということ。また、その場所の安全性なども説明してもらい、ゲストハウスに行くことを許可しました。

海外との文化の違いには、こんなエピソードがあります。

中国から来た観光客の方は、お手洗いでトイレットペーパーを流さず、床に置いていく方が多いそうです。それを知った私達は、汚い、不衛生といった印象を持ちますよね。

実は中国も韓国も、基本的には、トイレットペーパーは水に流さず、備え付けのボックス（ゴミ箱）に入れるのです。

なぜなら、日本のように良質な紙を使っている国は少なく、トイレに流すと、すぐに紙詰まりしてしまうからです。そのことを知っていれば、トイレにボックスを置いておくか、「安心して流してください」と張り紙を貼っておくなどの対策を取ることができます。

一方で、第31回リオデジャネイロ五輪（２０１６年）で、日本人選手がトイレットペーパーをトイレに流してしまい、ホテルが水浸しになったという記事を読みました。

お互い文化や慣習を知っていれば、防げたことですよね。こういった話を聞く度に、海外との文化の違いを知ることは大切だなと感じます」

私はこのように子ども達から話を聞いて、許可をするかどうかを考えます。しかし大事なポイントがあります。それは、許可する場合もしない場合も、まずは「いいじゃん」を言うことです。そうすることによって、子ども達の中に「共感してくれる環境」という印象が生まれます。

またここで許可をしない場合でも、一言目に「いいじゃん」を言ったことで、「言ってすぐに否定された」という印象は残りません。

これを普段から意識することで、「子ども達が親に言いだしやすい環境」が出来上がります。

子ども達には、「否定されない安心感」を与え、突拍子のない夢から、真剣な未来図まで、いろいろな話を聞きましょう。

まずは、「いいじゃん！」ぜひ使ってみてください。そこから話が広がっていきます！

2　いいじゃんね！

共感の先に必要な、子ども達の力

前述したとおり、子どもが、何かをやりたい！　と言ってきたときは、内容に関係なくまずは「いいじゃん！」と微笑みます。その後から、実際に許可するかしないかを考えていきます。

私は、子どもの要望を許可するかしないかを判断するために、子ども達にプレゼンをしてもらう機会を設けています。

例えば、子どもが「Youtube動画を撮影して投稿したい」と言ったときのことです。

子どもからのプレゼンはこうでした。

「数学を教える動画を撮影して、投稿したい。頭にあることを視覚化することで数学をより深く知ることができるし、毎回投稿すること、つまりアウトプットすることによって、よりインプット量も増えていくと思うんだ。安全面に考慮して、覆面やお面を被ってやるようにするよ」

私はこのプレゼンを聞き
「いいじゃんね！」

と答えました。最初に要望を聞いたときには、「いいじゃん！」、その後プレゼンを聞いて正式に許可する際には「いいじゃんね！」です。

他にも、子どもが6歳、小学1年生になったばかりの年に、友達と一緒にイオンまで歩いて行きたいと行ったときのプレゼンは、こうでした。

「お友達と一緒に、歩いてイオンへ行きたい。道はわかっているよ。だけど、万一わからなかったら人に聞く。スマホなしで行く経験をしたいんだ。それに、お友達がキッズケータイを持っているから、どうしても困った場合は連絡ができるよ」

これも、私の答えは、「いいじゃんね！」になりました。

とにかくプレゼン力が鍛えられる！

また、18歳の子どもが、大学受験に失敗し一浪中のときに「山奥で暮らしたい」と言ってきました。その要望にも、プレゼンしてもらいました。

「山奥で3か月間暮らす経験をしたい。生活費は5万円かかります。雨が降っても風が吹いても、テントがあるので大丈夫だよ。今後、就ける仕事が減って行く時代の中で、どのようにして生活していくのか経験を積みたいんだ。普段から山奥で暮らしている方達と合流するので、経験者がいるよ。食事担当も持ち回りで、協力してつくるんだ。アーシング（身体と大地が直接繋がること。一般的には、砂浜や公園で裸足になったり、森の中で木や地面に触れたりすることを言います。昭和初期は、自然の中で過ごすことが普通でしたが、近代化が進み、下駄や草履から人工的なシューズを履くようになり、路面はアスファルトで覆われ、普段の生活で人が自然と繋がることは、ほとんどなくなってきました）し放題だし、外食が少なく体にもいい暮らしができるよ」

浪人中に3か月もと、これには少し考えましたが、結果、私の答えは「いいじゃんね！」になりました。子どもの今しかない感性と、今しかない気持ちに応えたかったからです。この体験をとおして、人に気遣えるようになったと強く感じています。

このように、「いいじゃん！」からの「いいじゃんね！」の流れで、子ども達のプレゼン力もあがります。親を納得させる理由を説明し、自分のやりたいことに了解を得なければならないのですから。

親子のコミュニケーションも増えながら、子ども達は「やりたいこと」にあふれ、日々、大きな成長を見せてくれます。

3 「いいじゃん」じゃないじゃん⁉

使い方を間違えないためには、最初が肝心

一言目には、「いいじゃん」を言う私ですが、その後にも「いいじゃん」が続くかどうかはもちろん内容次第です。

子ども達の可能性を広げ、より多くの経験を積んでもらうためにも、「いいじゃん」を言う割合が断然多いです。しかし、「いいじゃん」とは言わない際の判断基準は設けています。私は子ども達の話を聞き、セキュリティ面に不安があると判断した際には、許可はしていません。危険が伴うことには、理由を説明した上でNGを出しています。

例えば、次女の友達が家に泊まりに来たときのことです。子ども達が自ら、みんなで力を合わせて夕飯をつくりたいと言いました。

私は、一言目に「いいじゃん」と答えます。

しかし、その後のメニューによって答えは変わります。これがオムライスの場合は、私の答えは「いいじゃんね！」です。次女は既にオムライスを何度も家でつくった経験があり、安全だからです。しかし、子ども達が「天ぷらを揚げたい！」と言った際には、NGを出しました。なぜなら、子ども達は天ぷらをつくった経験がありません。大量の油を使用するため、もしも鍋がひっくり返ってしまった場合、大やけどをする危険があるためです。

このように子ども達にとって安全か、またはどれだけのリスクがあるかを考慮した上で、答えを選んでいます。

他にも、小学校5年生の娘が「携帯電話が欲しい」と言ってきた際にも、NGを伝えました。しかし、持ち歩く携帯は許可しないけれど、家の中のWｉｆｉに繋いで使用するのみの端末には、OKを出しました。

また、使用時間に関しても条件を付けます。使えるのは、宿題が終わってから。また、使用時間は夜9時までとしました。

余談ですが、友人は子どもに「携帯電話が欲しい」と言われたとき、小学5年生までは、まだ早いと言い続け、6年生になったときに許可したそうです。持つか持たないか、つまりゼロか100のような決め方をしてしまったため、所持したとたん、何時間も、さらに夜遅くまで使い続けるようになり、困ったそうです。

使用時間や宿題を終えてからなど、条件を出してからにしておけばよかったと嘆いていました。「じゃあ、後から条件を出せばよいのではないか」という意見もありますが、大人でも子どもでも一度与えられた環境や生活レベルを落とすことは大変です。贅沢をしてしまったら、元の生活に戻ることが難しいように、自由に使っていた携帯電話に制限を与えられることは、反抗心を芽生えさせることになります。

「いいじゃん」の価値と質

「いいじゃん」を多用することで、子ども達はのびのびと親に話しかけることができます。

しかし、無条件に何もかもに「いいじゃん」と答えていると、子ども達は「どうせいいじゃんとしか答えないから」と、親に話しかける意味を失ってしまいます。

何でもとおるなら、プレゼンをする気もなくなりますし、すべてが自由になってしまいます。実は自由からは、自由は生まれないのです。なぜなら、すべてが自由ならそれは普通になります。「外泊、夜遊び、宿題をしない、勉強しない、毎日好きなモノを食べ、好きなときに寝る」それらを続けていれば、それが普通となるのです。

高校時代、学校の帰りには、仲のよいグループで毎日のように公園のベンチで話したり、日曜日はショッピングに出かけていました。しかし実は、その仲良しグループの中で1人だけが、家が厳しく、塾に通い、ピアノも習っていたので、1か月に2回ぐらいしか、学校帰りに遊べない子がいました。

その子は、日曜日のお出かけも、3か月に1回ほどです。

そのためその子は、その1日が来るのを何日も前から心待ちにし、遊んでいる間も飛び跳ねるように楽しそうにしていました。

その子以外の友人達は、楽しい日々ではあったけれど、毎日遊べることが当たり前になっていました。自由すぎると、それが普通になってしまうので、そうではなかった子のような喜びを得ることは、できないのです。

「いいじゃん」の言葉の質と価値を保つためにも、「いいじゃん」の判断基準と条件を保つことは大切です。

「いいじゃん」を出す際の、判断基準と条件を定め、守ってください。

そうして、より「いいじゃん」の効果を高めましょう。

4　応援されない子を応援される子に変えた、たった2つの方法

応援されたければ、まずは応援する

人に応援されるためには、どうすればいいでしょうか。

大切なことは、2つあります。

1つ目は、前述した「いいじゃん」。子ども達のみならず、家族、友達、周囲の人達に、どんどん「いいじゃん」を言い続け、共感することです。共感し、その話を否定しないで聴くことで自分も共感される人になり、応援されます。

友人の会社に、冒頭の入りが「それは違って……」が口癖の人がいるそうです。どんな話でも否定から入る。否定から入られると、話す気もなくなってしまいます。

そしてもう1つは、応援することです。家族、友達、周囲の人が何かをやろうとしていたら、「いいじゃん」で応援をしましょう。

夢や目標を語ってくれた相手に、「いいじゃん」と答えたときに見せてくれる、目の輝き。私自身も、自身の目標達成へのパワーをもらうことができます。

他人を応援する人は、応援される人になります。それだけでなく、他人の応援を続けていると、思いがけない現象を体験することとなります。

他人を応援し続けてきた私に起きた不思議な出来事

私が、ビジネス書作家石川和男先生による、「石川塾主催の出版オーディション」に参加したときのことです。

このオーディションは、私のように商業出版を実現したいエントリー者が、出版編集者の前で出版企画のプレゼンを行います。編集者の気に入るプレゼンなら、手が挙がり、後日打ち合わせし、出版社で企画が通れば、出版という流れになります。

周りを見渡すと、とにかくすごい方ばかり。既に何冊か書籍を出している方や、病院の先生、インフルエンサーに、テレビ東京系の番組「テレビチャンピオン」の優勝者。多くの実績を積んできた有名人ばかりです。

私は、「こんな凄い場所にいるのは、場違いなのでは？　私だけ、レベルが明らかに違うのでは？」と不安でいっぱいになり、足をガクガク震えさせながら、なんとか会場で耐えていました。

私はこのとき、1分間のプレゼンタイムを与えられていました。

ステージの前には、出版社の方々がズラリと並んでいます。

プレゼンタイムが始まると、エントリー者の皆さんは、とにかく手慣れた様子でイキイキと話されます。内心、緊張している人もいると思いますが、私の目にはそう映りました。私は、恐くてたまりません。しかし、ここで不思議なことが起こったのです。

緊張で震える私の背中から、私が過去に発し続けていた、私自身の声が聞こえてきます。

「りこさんなら、できるよ！ 大丈夫！」、「りかちゃんなら、できるよ！」

仲間が挑戦するときに、私が彼女達にかけた言葉です。この言葉をかけたとき、私は心から「できる！」と信じていました。

そのときの「できる！」と信じる思いが、胸に湧き上がってきます。

そうです。誰かに対して「できる」と信じる経験を、私は仲間に対して何度もしてきたのでした。

私の心と体はすっかり「できると信じること」に慣れていました。プレゼンで私の出番がやってきたときには、私自身が仲間を応援したときの想いで、私自身も背中を押されました。

このように、人を応援することは、「筋トレ」と一緒です。何度も何度も鍛えていけば、そのことに慣れ、力もついていきます。応援に慣れていけば、自分自身の応援も出来るようになります。

人から応援され、自分も応援をする。

このたった2つの方法を使って、応援を味方につけられる子に育てましょう。

5 簡単「やりたいことが見つからない」解決法

私達は、満たされた時代に生きている

私が子どものころは、何もかもが揃っているということは、ありませんでした。順に発明される、新たな機械の登場に、国民全体が大興奮。いつか我が家にも、あれを迎えよう！ なんて、家族全

体でワクワクしたものです。そんな、まだまだ物質的欲求が強い時代でした。

何かを手に入れると満足し、満足すると次の目標に向かって、働いていく。ある意味、目標設定がはっきりしている分、夢があり、ストレスのたまらない時代だったと思います。

現代は、物に溢れています。物質的欲求が満たされた今、皆さんの心の中は、本当に満足でしょうか？　以前より、満足ではない人が多いのではと感じます。

目標が失われ、かつＳＮＳの普及で人との比較が満足度に反映する。昭和の時代は、自宅にどんどん電化製品が増え、新車に買い替えることで満足していたのに、それらが最初から手に入っていると、つまり物質的欲求が満たされていると、次は精神的欲求に目が向きます。

もし、他人との比較で欲求を満たそうと考えるなら、厄介です。次々に「絵に描いたような理想暮らし」の投稿がアップされるＳＮＳを見ていると羨ましくなり、自分をさげすむことにもなります。

しかし、冷静に考えてみると、わかります。投稿している人は、毎日、海外に行っているわけでも、六本木で遊んでいるわけでも、寿司を食べに行っているわけでもないのです。

たまたま充実した1日を投稿しているだけ。しかし、そんな状況を体験した人が、たった１００人いるだけでも、１００の投稿がアップされ、あなたの目に飛び込んできます。その投稿を見て「みんな凄い！　私なんか」と誤解してしまうのです。

ここでちょっと、考えてみてください。皆さんご存知の、徳川家康。室町時代後期（戦国時代）

から江戸時代初期の日本の武将で江戸幕府初代征夷大将軍です。

ザックリ言うと、その時代の一番、偉い人。しかし、この一番偉い人よりも、美味しい食べ物を食べている人がいます。それは、あなたです。

今の日本人のほうが毎日、美味しいものを食べているのです。大戸屋、サイゼリヤ、デニーズ、どこで食べても、当時の日本のトップが食べていた料理よりも美味しいハズです。

ちなみに、現代の日本人が1日に受け取る情報の量は、平安時代の一生分で、江戸時代の1年分と言われています。たった1日で、これらの時代の人達より、多くのことを知ることができるのです。

子どもが本当に興味を持っているものを見つける方法

話を戻して、「モノ、機会、情報」が溢れかえり、やりたいことがあれば、すぐに取りかかれるこの時代。しかし、反対に「やりたいことが見つからない」という子どもも増えています。

環境は整っているのに、何をすればいいのかわからない。迷っている子に対して、お母さんが出来るちょっとした手助けを、ご紹介します。

まずはとにかく、なんでもさせる。

これがなければ、始まりません。「汚れるから」、「危ないから」と、取り組もうとしている機会を奪うことはやめましょう。

そして、例え「やめたほうがいい理由」があったとしても、ネガティブな情報を与えて子どもを不安な気持ちにさせることは、よくありません。

できるだけ多くのことをやらせてみる中で、次のステップに移ります。

例えば、本を読むのに夢中になっている子がいるとしましょう。そこであなたは、どう判断しますか？

「本を読むのが好きだから、勉強が好きなのだろう」、そう判断してしまっては、子どもの新たな可能性に出会えないままです。

「この本のどこか面白かったの？」

そうすると、意外な答えが返ってくるかもしれません。

「宇宙の色がきれいだった」、「ここに出てきた乗り物がかっこよかった」、「時代背景が印象的だった」。子どもが興味を持ったところは、別のところにあったのです。本を読んでいるから、本を読むことが好きというわけではなく、子どもの新たな興味や視点を、知ることができます。

ここで大事なのは、このような質問を投げかけるのは、親が子どもの興味を把握するためだけではないということです。

この質問に答えることで、子ども自身が「自分がどんなことに興味があるのか」を知ることができます。それにより、自らその方向へ進んでいこうとします。

我が家の末っ子は、Weplayというネット上で集まるゲームにはまっていました。そこで、ゲームが好きだからゲームのデザイナーが向いているのではないか？　と考えるのは、浅はかかもしれません。私は、なぜこのゲームが好きなのかを聞いてみました。

「みんなで一緒に楽しめるところが好き。そこで歌を歌えば、みんなが褒めてくれるのも、めちゃくちゃ嬉しい」。それを聴いて私は、「そうなんだ〜。みんなと一緒に楽しめるのは嬉しいよね。歌を歌って認められるのも、嬉しいね」とオウム返しのように語り掛けます。

ここで、オウム返しのようであることが、ポイント！

感想は軽め、自身の意見を返事に載せ過ぎないようにすることが大切です。子どもが、自身で自分の道を選ぼうとしているところ。手を加えたり、操作したりしようとはせず、子どもの力と選択を尊重し、そっと見守りたいものです。

そうして彼女は、ネット上でアバターを使いながら、歌を配信するようになりました。質問をすることにより、ゲームが好きだと思いがちな行動が、実は違っていたことを発見できるのです。

長男も別のゲームにはまっていました。どうしてそのゲームが好きなのか聞いてみたところ、「みんなで一緒に作戦を立てて、取り組むのが好き」と答えてくれました。戦略を練る、戦術を立てて、共同で作業をする。みんなのリーダーになる。そんな話をしているうちに、「学校の先生になって生徒と一緒に何かをやり遂げたい」という目標を持つようになりました。

このように、子どもがはまっていることから本当の目標を見つけることができます。子ども達に多くの機会を与えながら、質問を投げかけてみてください。

第8章のまとめ

私自身が日ごろから、子ども達にかけている言葉「いいじゃん」。とても楽しく、みんなが笑顔になれる言葉です。これが、日本中の多くの家庭で使われるようになるといいなと、今からワクワクしています。

「いいじゃん」は、我が子を信頼し、そして応援する言葉です。

子どもは、親から信頼されていると感じれば、安心して挑戦を続けていくことができます。自由にアイデアが湧くようになります。

可能性をどんどん引き出し、伸ばしてくれる言葉、「いいじゃん」。みなさんもぜひ、使ってください。

「いいじゃん」を使う際に、心配はいりません。親として、もう少し威厳を見せたほうがいいのでは？　この言葉では、軽すぎるのでは？　と思われる方もいるでしょう。

しかし、軽いからいいのです。

軽いということは、まだたくさん載せられるということです。

軽い一押しをした後は、子ども達がその上に次々と自ら載せていく番です。

「いいじゃん」で、ポンと軽く背中を押しましょう。その背中、どんどんたくましくなっていきますよ。

第9章　育児中の断捨離

1　正義のヒーローお母さんはゴミ箱へ

子どもが学べなかった大切なこと

「ねぇねぇお母さん、今日学校でね……」

そんな何気ない会話の中にも、日々心配事がひそんでいます。そんなとき、お母さんができることは、何でしょう？　我が子を守りたい、助けたい、だけど少し待ってください。

「今日、学校でね、はなちゃんが私のことをバカって言ったの、仲間外れにしたのよ」

親の目の届かぬところで、我が子が悲しい思いをしています。居てもたってもいられません。その気持ちは、わかります。しかし、深呼吸をしてちょっと我慢。少し踏みとどまって考える。ここで担任の先生に話して、問題を解決してもらったらどうなるか？

「お母さんと先生は、私を守ってくれた」子どもは、安心します。しかし、大切なことを学べませんでした。それは、解決方法です。

子どもが自分で解決方法を考える機会を、失ってしまったのです。

家庭内での兄弟げんかでも同じです。どこまでも止まらない兄弟げんかは、ついつい口出しをして終わらせたくなります。しかし、それをしてしまうとどうなるでしょう。

「お母さんはいつも弟の肩ばかり持って、俺が悪いとばかり言う！」

「いつもお兄ちゃんが正しいと言ってばかりで、僕の言うことは聞いてくれない！」

このように、助け船を出したつもりが、誤解を生んでしまう可能性もあります。

兄弟げんかの原因は、本当に些細なことである場合が多いものです。

「俺のアイパッド、どこいった？　お前が触っただろ？」、「僕じゃないよ！」

些細な事柄から始まったケンカから、子ども達は多くの経験を積んでくれます。

もちろん、このケンカが、暴力にまで発展したときは、止めるべきです。

ただし、口喧嘩のみが続いている場合は、子ども達同士で「解決方法」を学び合っているので、そっとしておきましょう。

あるメルマガでこんな記事がありました。

ドイツの小学校で、お弁当を忘れた６歳の子どもの話です。ドイツでは、お弁当を忘れてきた子どもにどう対応するか？

先生はたった６歳の子どもに「お弁当を忘れたけど、どうするの？」と質問するそうです。すると子どもは、自分で考えます。そして大抵の子は、友達から少しずつ弁当を分けてもらうか、自分で親に電話をしてお弁当を持ってきてもらうかのどちらかの方法をとるそうです。自分で親に頼んだ子は、次からお弁当を忘れる確率は減るそうです。

日本の学校だと同じように、お弁当を忘れても先生が親に電話をして持ってきてもらって、終わりですよね。自分で学ぶ機会、失敗する機会を奪ってしまっているのです。

間違っているかどうかよりも、大切なこと

また、子どもに対してお父さんが説教をしているときも大切です。

お父さんの説教は、時にはお母さんにとって正しいものには思えないこともあるでしょう。そのせいで子どもが悩んでいたら尚更、助けてあげたくて仕方ありません。

しかし、ここもぐっと我慢です。

お父さんには、お父さんの想いがあります。もしもここで口出しをしてしまったら、「お父さんの言っていることは、正しくないよ」と示してしまうことになり、お父さんの尊厳をなくしてしまいます。

もう20年以上前のテレビ番組でのことですが、北野たけし氏が、「子どもの前で母親が父親を馬鹿にしすぎだ、子どもと一緒に父親の悪口を言っている母親もいる、洗濯物も一緒に洗わない……そうすると、子どもが反抗期になったときや非行に走ったときに、止められるのは父親なのに、母親になめられている父親は、子どもにもなめられてしまっていて対応ができなくなる」と言っていたことを思い出します。

お父さんとお母さんの尊厳を保つことは、大切です。お父さんと子どもの問題は、2人で解決してもらい、そこからも学んでもらいましょう。

6人兄弟、7人兄弟が当たり前だった時代なら、目がいき届かず、ケンカを止めたくても止められないことも多かったでしょう。しかし今は少子高齢化の時代で、ひとりひとりに目が向く分、転

ぶ前に手を差しのべてしまいがちです。

子どもが抱えるどんな問題も、子どもを成長させてくれるチャンスです。そのチャンスを、奪わないこと。

言うのは簡単、するのは難しいです。私もつい下の子の泣き声を聴いて、それが辛くて何度も止めてしまったことがあります。意識するだけでいいのです。３回に１度でいいのです。解決法を学ぶ機会だと考え、成長していく姿を楽しみましょう。

2　優等生お母さん、今すぐポイ！

「子は親の背中を見て育つ」の逆の意味

子どもは親の背中を見て育つ。この言葉を、どのように受け止めていますか?

親は子どものよい手本とならなければいけない。その考えにとらわれて、子どもの前で必死に自分自身を取り繕ってしまってはいませんか?

実はこれは、子ども達の成長にとって逆効果です。子どもは親の背中を見て育つからこそ、お母さんのダメなところを子ども達に見せてください。

ある朝、私は寝坊をしてしまいました。高校生の子は、自分で起きて登校しているので問題ありません。しかし中学生組と小学生組は、学校に間に合いませんでした。私は、子ども達の目の前で、学校に電話をかけました。

「すみません！　私が寝坊しました！」

とにかく素直に、私の非を伝えます。少しでもよく見せようと、理由を考えたり、言い訳をしたりすることはありません。そして、いつもならそれぞれのリズムでしている朝の支度も、みんなで心を1つにして、少しでも早く学校に着けるように努めます。

一刻も早く学校に到着すること。今思えば、必要ありませんでしたが、私も子どもと一緒に、走って校門まで登校しました。

他にも、家の前で子ども達と歌を歌っていたとき、気持ちよくなって、ついつい声が大きくなってしまったことがありました。その際は、見知らぬおじさんから「うるさい！」とその場で注意されました。

私はすぐさま、子ども達と一緒に「すみません」と謝ります。このように、お母さんも間違う、間違えば謝る、という姿勢を見せることこそが、子どもの成長にとってとても大切です。

「子は親の背中を見て育つ」と言います。親が本を読んでいると、子どもも本を読みます。資格試験などの勉強をしていると、子どもも宿題を始めます。

一方、食後にソファに横になってテレビを見ていると、子どももそれが日課になります。食事を食べながらスマホをいじっていると、子どももスマホやテレビ、ユーチューブを見ながら食事をします。

それから、交通安全！　車に気をつけて通学してほしい。そう願っていても、子どもと一緒に赤信号を渡っていたら、子どもも信号無視をするようになります。

悪いことをしたら、素直を謝罪しなさい！　と言っても、なかなか言うことが聞けません。後から怒られるかも、叱られるかも、怒鳴られるかも、と思ったら、非を認めるのは難しいことですよね。

しかし。お母さんが一緒に謝る、非を認めるなら、子どももその背中を見て育ち、謝る気持ちが芽生えます。

素直に非を認めることを続けたおかげで、我が家の子ども達は自分が失敗したときに、言い訳をすることはありません。

何かを忘れたり、迷惑をかけたりしたときには、「ごめんなさい」と素直に謝ります。おなかが痛かったからなどと、言い訳をしたり自分を繕ったりすることはありません。

非を認めることで見える、もう1つのもの

素直に非を認めることで、もう1ついいことがあります。

それは、伸びしろが見えることです。

自分をよく見せようとしない、できない自分を認めることで、今、私はこの時点にいるのだと、自分の立ち位置が明確になります。そして、ここから先にある可能性をしっかり見つめることがで

きるのです。

優等生お母さんを無理に続けても疲れるだけ。無理をせず自然でいるほうが、逆に子どもは成長します。間違えたら、その非を見せていきましょう。

3　お母さんの束縛は、最初の1歩を踏み出せなくする

包み込む優しさが、阻んでいたもの

「あなたのお子さんは、どんなお子さんですか?」

子どものことを誰よりも近くで見続けているお母さんは、しっかり解答を持っていると思います。

「消極的なのでクラスでお友達をつくるのは苦手だけど、家では明るくおしゃべりする子です」、「ひとつのことを続けるのは苦手だけど、ゲームだけは何時間でもやっている子です」

実は、このようなお母さんからの「行き届いた理解」こそが、子どもが最初の1歩を踏み出せない原因になっているかもしれません。

我が家の次男が、小学校に入学したときのことです。

我が家から子ども達が通う小学校までは、わずか300メートルです。しかも、玄関から直線距離なので、学校に到着すると校門から自宅の玄関が見えます。

それにも関わらず次男は、毎朝泣いて、学校へ行きたがりませんでした。どの親も同じように、

私も子どもの泣き声には、胸が締め付けられます。毎朝泣く次男に、私は必死に付き添いました。

「この子は、１人で学校に行けないから」

私にできることは、やってあげたい。力になりたい。我が子を守りたい本能のままに、毎朝続けていました。

もちろん、喜んでやっていたわけではありません。自立して笑顔で登校してくれているほうが何百倍も嬉しいです。

心の中では、「他の子達は、普通に学校へ行っているのに、どうしてうちの子だけ１人で行けないの」と、不安な気持ちでいっぱいでした。

そんなある朝、次男の泣き声を聞いた夫が、「泣くのは、止めなさい。さぁ、行きなさい」と、その場で無理やり行かせたのです。

私は、夫がやったことを子どもの前では否定しないことを心がけています。

「なんてひどいことをするの」と、口に出したい気持ちはいっぱいでしたが、そこは、「ぐっと」こらえて見守りました。

次男は、少し歩いては家に戻ろうとします。しかし、玄関で仁王立ちしている夫から「行け！」と追い返されては、また半歩進み、泣きながら校門へ向かって歩き出します。次男は、これを何度も何度も繰り返し、泣きながら校門をくぐっていきました。

私の頭の中では、「ごめんね、辛い思いをさせて」と、苦しい気持ちでいっぱいです。こうして泣きながら無理やり行かせる日々を1週間送った後、次男は1人で泣かずに行けるようになりました。

私が「この子はできないから」と決めつけて、付き添いをしたり、あらゆる手助けをし続けていたことをやめてみると、子どもは1人でできるようになったのです。

あのとき、「ごめんね」ではなく、褒めてあげればよかったと、今ならわかります。

もちろん、イジメにあっていたり、先生と合わない、学校になじめない理由があるなら話は別です。しかしそうではない場合は、子どもが苦手なこと、できないことを克服するために、力を貸すのをやめてみる。

周りの全員が子どもに冷たかった理由

『上司が「鬼」とならねば部下は動かず』染谷和巳著（新潮文庫刊）に、このようなシーンが描かれています。

社長が、部長と係長と3人で歩いていました。すると歩道の真ん中で、子どもがひっくり返って大泣きをしていました。社長は通り過ぎました。

しかし、2人の社員は、「どうしたの？」と言って、子どもを助け起こしました。子どもの視線の先には母親。母親は、2人の社員に頭を下げ、小走りに子どもに近づきました。

社員は優しい人達です。困っている人がいたら、力を貸してあげる。弱い者は、助けてあげるというあたたかい気持ちが行動に現れていました。

しかし、著者はこのように言っています。

「道の真ん中にひっくり返って泣きわめいてる子どもは、果たして困っている人なのか、弱い人なのか。そうではない。実は、自分のわがままを通そうと親をてこずらせている、強者なのだと」。

母親は、この子を教育している最中だったのです。

母親からすると「あなたのわがままを私は認めないし、わがままを言っている間は、他の誰もあなたの味方をする人はいませんよ。それがわからないなら、そこでいつまでも泣いていなさい」と突き放して、遠くから見守っていたのです。子どもが降参するのを待っていた。その教育を２人の社員が台無しにしたのです。

社長は冷たい人か、いや、商店の親父さんも買い物帰りのおばさんも子どもを見たが、声をかけずに通り過ぎていった。ここで子どもに声をかけ、助け起こすことは、子どものためにならないことを知っていたからなのです。

真の温かさは、どこにあるのか。愛情は、どこにあるのか。泣いている子ども、困っている人を目の前にしたときに、真に見極める目は重要です。

このとき、きっと母親は必死に心を鬼にしながら、子どもの泣く姿に耐えていたことでしょう。その頑張りをも台無しにしてしまったことは、残念です。

優しさが、真の優しさとは、限らないですね。

4 ストップ！ 断捨離しがちだけどこれはしないで！

子育て、人生で、断捨離したくなるものナンバーワン

断捨離とは、整理整頓、不要なモノを処分してモノを少なくし、シンプルな暮らしをするということです。そして断捨離は、モノが少なくなるだけではありません。自分の今までの生活スタイルを見つめ直すきっかけにもなります。

子どもが生まれてから今までを振り返ると、「もっとこうしておけばよかった」と、つい「後悔」をしてしまうことがあります。

後悔する気持ちは、とてもネガティブです。胸が「ずーん」と重くなる感覚に耐え切れずに、つい、その思いも断捨離したくなります。

ですが、そこは待ってください。私には、今まで行ってきた育児に関して、とても後悔していることがあります。

現在の夫と再婚した後、夫の連れ子である長女との関係は、いつも複雑でした。

彼女は、私に対してなかなか心を開いてくれません。当時、彼女は小学5年生の11歳。今考えると、よくわかります。突然やってきた「お父さんを奪う」存在に、抵抗感を覚えるのも当たり前です。

私がいくらコミュニケーションを取ろうと思っても、拒否する娘。そんな状態に手の打ちようがなくなり、自然に彼女との会話は徐々に減っていきました。

大失敗で苦しんだことは、大切なものを築かせてくれた

その状況を見て、娘のことを気の毒に思った夫は、「彼女とだけコミュニケーションが少ないのは、かわいそうだ。子ども達とは、全員平等に接しないといけない」と私に言いました。

私も、「子ども達全員平等」という夫の意見に賛成し、子ども達全員への対応を平等にすることにしました。つまり、彼女との会話が少ないことから、他の子達との会話も減らしたのです。

そこからたどる道が、けっしてよいものではないのは、あなたが想像する通りです。

小学４年生、10歳の次男は、声が勝手に出たり、体が勝手に動くチック症になってしまいました。

それから、人前で泣くことのなかった末っ子が、よく泣くようになりました。

そして私は、自分の間違った判断に気が付きます。

「全員との会話を減らすのではなく、全員との会話を増やそう」

これをきっかけに固い決心をすることができ、長女とも触れ合う努力をしました。その後、彼女とのいくつもの壁を乗り越え、現在はとてもいい関係にまでたどり着きました。

「タイムスリップできるなら、過去に戻ってこの間違った出来事を消したい？」と聞かれたら私は、「消したくない」と答えます。

なぜならこの間違いがあったからこそ、その後大切なことに気が付くことができたからです。そしてそれは、ゆるぎない大切なものを築かせてくれました。

後悔は、断捨離しないでください。後悔すること1つひとつのおかげで、今があります。

第9章のまとめ

あなたは、どんなお母さんですか？　私はその答えを聞く前に、言いたいです。

あなたがどんなお母さんであっても、あなたはよいお母さんです。

子どもに、よいお手本を見せたい。子どもによい人生を歩んでほしい。子どもに教えてあげたい。子どもを守りたい。

たくさんの愛情と想いを持って、日々一生懸命ですよね。

それと同時に、たくさんの失敗もすると思います。そしてその失敗こそが、よいのです。

失敗するのは、一生懸命だから。そして、失敗するから、親も子どもも一緒に成長することができる。私は、親が失敗しなければ、子どもは成長しないと思っています。

もう既に、あなたはとてもよい親です。子どもと一緒に失敗しながら、楽しく楽に幸せに、毎日を過ごしましょう。

おわりに

最後までお読みいただき、ありがとうございます。

本書に記した「笑い・経験・お金・幸せ・感謝・自信・いいじゃん」の7つの貯金箱は、子育てのみならず、上司と部下、夫婦、兄弟などの関係をより良好にするためにも、ご活用いただけます。

ぜひこの7つの貯金箱を、生活のあらゆるシーンで活用していただけると幸いです。

人の悩みの9割は、人間関係によるものだと言われています。

あなたが自分軸を正すことにより、良好な人間関係を築き、人生がより豊かに、そして笑顔があふれる毎日となりますように。


最後に、本書を執筆するにあたりお力添えくださった多くの方々への感謝を伝えさせてください。

ビジネス書作家で、時間管理の専門家である石川和男先生。先生が主宰されている石川塾に入ったことがきっかけで、出版という夢を叶えることができました。

また、石川塾をご紹介くださった、フラクタル心理カウンセラー、「ひとを変える魔法（同文館出版）」著者　白石美帆先生。先生に出会うまでの私は、独学で勉強し「他人軸の生き方でなく自分軸で生きる！」や、「自分の人生は自分でつくれる！」という考えで、実践してきました。世の中でいう自己啓発的なマインドは、頭に入っていました。そして、こちらが発した言葉や態度に対して相手が反応して態度が変わるということを信じて、実践していました。

例えば、家族でも会社内でも、つい忙しさを理由に「ありがとう」や「お世話になります」などの感謝の気持ちが伝えられてないときもあります。そんなときは、こうして欲しい…というこちらの不満や願望を伝えてばかりとなってしまい、どうしてもお互いにフラストレーションがたまってしまいます。

そんなとき、改めて「いつも家族のために遅くまで仕事をしてくれてありがとう」など、こちらの感謝の気持ちを伝えると、相手も「いやいやこちらこそいつも家事をしてくれてありがとう」と、相手も優しい言葉に変わるという経験はたくさんしました。

ですが、白石先生のご著書を読み、フラクタル心理学を知ることにより、さらによくなりました。他人に言葉がけや態度を変えなくても自分（潜在意識の自分）を変えていくと、相手まで変わるという経験を何度も体感させていただきました。

例えば、当時わたしは主人の「子供達に平等にしろ」という言葉に戸惑っていました。私は私なりにその子達に合うように平等にしてるつもりなのに……と。

このことをカウンセリングしてもらいたくてカウンセリング予約した日、たまたま主人と喧嘩をしてしまいました。

そんな状態で、カウンセリングを受けて前述した内容を話すと、こうなった構造を紐解いてくださった後に出てきた答えは、私が小学校のころに姉にしてきたことでした。

私は、5歳離れた姉に対して、平等にしてほしい！　とずっと母親に思っていました。そこに気が付くことができたのです。
すると喧嘩してたはずの主人から、「明日ゴルフにいこう」というメールがきました。
こうした「嘘だー　ほんとに？」という現象を何度も体験してきました。
白石美帆先生との出会いが私を成長させてくれ、私の心にある棘を抜いてくださり、今こうして、毎日家族と楽しく過ごすことができています。

いつも励ましてくれる夫へ
私が何かに挑戦するたびに「お前なら大丈夫！」、「お前らしくやってこい！」、「もう本を書いてしまえ！」と言ってくれる夫。何か初めてのことに取り組もうと思ったとき、どうしても自分らしさを見失ってしまうときがあるけれど、「他者と競うな！　お前らしくいけ！」という応援してくれることがとっても嬉しいです。いつも、くじけそうな背中を押してくれて、ありがとう。

長男の晴希《はるき》
歳が離れた長男なので、いつも兄弟の面倒を見てくれていました。
末っ子が保育園に通っていたころ、すでに運転免許があったので、よく送り迎えをしてくれたこともありました。今は、成人して家を離れて、なかなか連絡を取ることもないけど、たまには実家に帰ってきてほしいな。いつも思って、いつも待っています。

長女の奈菜美《ななみ》

お父さんと私が再婚して、当時小学5年生だった「ななちゃん」の母親となったものの……なかなかうまくいかず、どうしたらうまくいくんだろうと、悩んだ日が今となっては懐かしいです。あの悩みがあったからこそ、向き合うことができて、今こうして、1つの家族になることができたのだと思います。今となっては、感謝の気持ちでいっぱいです。たくさんの気づきをありがとう。

社会人になり忙しい日々の中、家族に会いに帰ってきてくれて、ありがとう。

次男の駿澄《はやと》

いつだってストイックに挑戦する「はやと」の背中を見て、いつも刺激をもらっています。いつからだって、何歳からでも、挑戦しようとするはやとを見て、ママは何度も背中を押してもらったよ。挑戦する姿が、かっこよくてもダサくても、成功しても失敗しても、そんなのは関係ないよね。ただ進む。進めば気づくこともあるし、進めなければ気づかない。

そんなメッセージが、あなたの背中には書いてあったよ。

たくましく育ってくれてありがとう

三男の優舞《ゆうま》

家族で一番の癒し系。いてくれるだけで、その場が和んでます！　ありがとう！

優しすぎて自分の意見を言えなかったころもあったけど、最近は、言えるようになってきたね。

あの小さかった「ゆうま」も大学受験！　あと少し、楽しみながら頑張って！

末っ子の愛彩《めい》

5人の子どもがいても、やっぱり時代が違うなって感じる末っ子。

あなたの大胆な発想は、ママの脳みそを一掃してくれるよ。

あなたの頭の中の引き出しには、「できない！」という言葉がないのかもしれないね。

だからこそ、ママの頭はアップデートが必要なんだって、感じています。

あなたが小5のとき、教えてくれた動画編集が今、ママの仕事で役に立っています。

ありがとう！


本書を書くにあたり、親子の心情をいろいろと教えてくれた友人達。ありがとうございます。

それから、いつも二人三脚で夜な夜な打ち合わせを重ねてくださった、ライターのガステ美智子先生。彼女にしていただいた質問により、私自身も気が付いていなかった想いや方針がどんどん出てきて、時には涙することもありました。彼女なしには、この本を完成させることはできませんでした。ありがとうございます。

そして最後に、本書は、私1人の本ではなく、皆様にいただいた経験と愛と繋がりによる1冊だと感じています。

お読みいただいたあなたの人生に役立っていたら、これほどの喜びはありません。

土本　美希

著者略歴

土本　美希（つちもと　みき）

LIKE YOU 子育てサポーター主催。

広島県生まれ 、５人の母。

子育てに留まらず、夢実現の応援団、年間 200 人以上をサポート。

心と体のデトックスサロン経営、発酵ライフ推進協会　発酵ライフアドバイザー。

株式会社１２３（イチニサン)、株式会社 GAO　２社の代表取締役社長。

結婚・出産・離婚・再婚を経て、５人の子の母親に。それぞれ違う子育てをするなかで、子どもが５人いても起業でき、家族が幸せになる方法を身につける。

妊娠中にアパレル会社を起業。生後２ヶ月の末っ子をおんぶしたまま働きに出たり、海外出張では 40 度超えの炎天下、氷点下 10 度の中でも買付けに走る日々。

家事に手が回らないとき、「５人の育児・よいママでいよう！　そんなのムリ！」と完璧ママを手放したことをきっかけに、本質の子育てとは？　を考え、その後 10 年間研究を続ける。

その結果、次女は 10 歳で SNS 動画編集講師になり、社員研修講師として時給１万円になる。次男は高校中退後に東大を、三男は広島大学を目指して、勉強中。


― 今こそ子育てを見直そう―

幸せな子どもを育てる「７つの貯金箱」

～９割のママが知らない! 究極の子育てカンペ本～

2023年９月20日 初版発行

著　者　土本　美希　© Miki Tsuchimoto

発行人　森　　忠順

発行所　株式会社 セルバ出版
〒 113-0034
東京都文京区湯島１丁目 12 番６号 高関ビル５B
☎ 03（5812）1178　FAX 03（5812）1188
https://seluba.co.jp/

発　売　株式会社 三省堂書店／創英社
〒 101-0051
東京都千代田区神田神保町１丁目１番地
☎ 03（3291）2295　FAX 03（3292）7687

印刷・製本　株式会社 丸井工文社

Printed in JAPAN
ISBN978-4-86367-841-5